KB262087

'마지막' 유럽인 교황 **베네딕도 16세**
2008년 8월 초판 | 2009년 1월 재쇄
옮긴이 · 최석우/변기찬 | 펴낸이 · 이형우
ⓒ 분도출판사
등록 · 1962년 5월 7일 라15호
718-806 경북 칠곡군 왜관읍 왜관리 134의 1
왜관 본사 · 전화 054-970-2400 · 팩스 054-971-0179
서울 지사 · 전화 02-2266-3605 · 팩스 02-2271-3605
www.bundobook.co.kr

ISBN 978-89-419-0813-5 03230
값 8,500원

Benoît XVI Le dernier pape européen

'마지막' 유럽인 교황 베네딕도 16세

베르나르 르콩트 지음 | 최석우 · 변기찬 옮김

분도출판사

차례

— 교회법에 따라 당신이 교황으로 선출되었음을 받아들입니까?

— 성령과 추기경들의 투표에 순명하여 나는 '예'라고 대답합니다.

— 어떤 이름으로 불리기를 원합니까?

— 베네딕도 16세입니다.

2005년 4월 19일 화요일 오후 5시 49분, 시스티나 경당에 박수갈채가 울려 퍼졌다. 경당 밖 세상은 이제 막 새 교황이 선출되었음을 아직 모르고 있다. 새 교황은 요제프 라칭거 추기경이며, 자신을 '베네딕도 16세'라고 부르기로 결정했다는 사실도 알지 못했다.

바로 이것이 교황직의 첫 번째 신비다. 어째서 '요한 바오로 3세'가 아닌가? 1978년 10월, 카롤 보이티야Karol Wojtyla 추기경은 자신을 '요한 바오로 2세'라 부르기로 결정함으로써 세 전임 교황들(요한 23세, 바오로 6세, 요한 바오로 1세)과의 연속성을 천명했다. 폴란드 출신 교황의 조언자요 친구인 라칭거 추기경이 전임 교황의 계승자를 자처하고 그의 가르침을 이어받을 것이라는 사실은 누구도 의심하지 않았다. 왜 라칭거 추기경은 전임 교황의 이름을 계승하지 않았는가? 그를 잘 아는 장마리 뤼스티제Jean-Marie Lustiger 추기경은 「르몽드」지에서 "그가 그렇게 하지 않은 것에 놀랐다"[1]고 토로했다. 전임 교황의 선종이 불러일으킨 엄청난 연민과 존경은 교회 지도자들에게 깊은 인상을 남겼으며, 장차 그의 시복을 지지할 사람들을 고무시켰다. 아마 이런 현상들이 콘클라베의 선출자로 하여금 '위대한 교황'grand Pape 요한 바오로 2세의 이름을 답습하는 것을 단념하게 했던 것 같다. 심지어 그 자신도 교황 축복을 내리는 발코니에서 첫 연설을 할 때 요한 바오로 2세를 '위대한 교황'이라고 부르지 않았던가.

제265대 교황인 그는 완전히 다른 이름을 선택할 수도 있었을 것이다. 이 점과 관련해서 지금까지의 전통은 제법 융통성을 보였다. 요한이나 그레고리우스 같은 교황 명칭의

---

[1] *Le Monde*, 25 avril 2005.

거대한 계보는 2천 년 전통 속에 깊이 뿌리박고 있다. 한편, 지역 성인들에게서 유래하는 경우들(특히 독일 남부 지방에서 공경받는 보니파티우스, 코르비니아누스, 오스왈두스 혹은 루페르트 등)은 대개 전략적으로 정립된 것이다. 아우구스티누스나 보나벤투라처럼 학자적 경력 때문에 중요하게 평가되는 성인들은 라칭거 추기경에게 이념상 최우선적인 방향을 제시하기도 한다. 그는 또한 초대교회 교황들처럼 자신의 본디 이름인 요제프를 선호할 수도 있었을 것이다. 하지만 베네딕도를 선택했다.

왜 그랬을까? 이름 선택을 둘러싼 그 신비는 먼저 논평가들에 의해, 다음으로는 새 교황 본인에 의해 해명되었다. 베네딕도라는 이름은 우선 1914년 프랑스와 독일 사이의 분쟁이 발발했던 바로 그 무렵 교황으로 선출된 베네딕도 15세를 연상시킨다. 교황이 된 델라 키에사Giacomo Della Chiesa 추기경은 중립 노선을 취함으로써 양국 모두의 비난을 샀다. 베네딕도 15세가 '유럽의 명예를 훼손하는 끔찍한 살육'을 규탄했음에도 불구하고, 클레망소Georges Clemenceau (1841~1929)[2]는 '독일 교황', 루덴도르프Wilhelm Ludendorff (1865~1937)[3]

---

2 프랑스의 정치가. 제1차 세계대전 당시 상원 육군위원장으로 활약했으며, 1917년 총리 겸 육군장관에 취임하여 프랑스를 승리로 이끄는 데 기여했다 — 역자 주.

3 독일의 장군. 제1차 세계대전 당시 8군 참모장으로 1914년 8월 타넨베르크에서 승리를 거둠으로써, 독일 국민의 우상으로 떠올랐다. 종전 후 정치가로 활약, 1925년에는 대통령 후보가 되었으나 패배했다 — 역자 주.

는 '프랑스 교황'으로 취급했다. 교황 선출 후 첫 일반 알현에서 베네딕도 16세는 이 '용감하고 진실된 평화의 예언자'에 대한 기억을 상기시키면서 '사람들과 민족들 사이의 화해와 조화를 위해 봉사하고 싶다'는 소망을 피력했다. 독일인 교황이 이런 관점에 동참하고자 했다는 사실, 그 자체로도 큰 의미를 지닌다.

그러나 라칭거 추기경이 교황으로 선출되는 순간 머리에 떠올랐던 인물은 바로 위대한 성인 누르시아의 베네딕도다. 6세기에 베네딕도 『규칙서』를 만든 그 모습은 단연코 평화주의를 연상시킨다. 그의 표어가 바로 '평화'였기 때문이다. 그러나 새 교황에게 베네딕도는 무엇보다 먼저 '유럽의 수호 성인'이다.[4] 베네딕도의 영향이 없었다면 유럽은 베르나르두스 성인이나 보니파티우스 성인의 존재를 알지 못했을 것이다. 4월 27일의 알현에서 베네딕도 16세는 누르시아의 베네딕도가 '그리스도교가 전 유럽 대륙에 전파되는 데 엄청난 영향을 미쳤다'는 점을 직접 강조했다. 또한 그로 인하여 베네딕도가 '독일, 특히 바이에른 지방에서 매우 공경'받게 되었고 '유럽의 일치를 위한 하나의 근본 기준을 마련했으며', '유럽 문화와 문명에 나타나는 그리스도교적 근원들을 확실히 기억'하게 만들었다고 강조했다.

---

4 성 베네딕도를 '유럽의 수호성인'으로 선포한 것은 1964년 바오로 6세다. 요한 바오로 2세는 여기에 두 명의 동유럽 출신 선교사 성 키릴루스(Cyrillus)와 성 메토디우스(Methodius)를 덧붙였다.

우연의 일치이지만 요한 바오로 2세가 선종하기 2주 전에 라칭거 추기경은 로마에서 멀지 않은 수비아코Subiaco의 한 세미나에 참석했다. 누르시아 출신의 젊은 베네딕도가 몬테카시노 수도원을 창설하고 그의 유명한 『규칙서』를 발표하기 전에 동굴에서 생활함으로써 유명해진 곳이 바로 수비아코다. 그곳 신학교에서 요제프 라칭거는 '유럽에서 가정의 가치를 고양시켰다는 공로로' 성 베네딕도 상을 받았다. 이를 계기로, 구舊대륙의 문화와 자기 정체성 위기에 대해 심각한 우려를 표명하는 강연을 하기도 했다.[5] 독일인 교황에게 베네딕도라는 이름은 오래전부터 엄청난 향수를 불러일으켰다. 그 이름은 이민족의 침입으로 무질서와 혼란에 빠진 유럽 대륙에 영적이고 종교적인 응집력을 새롭게 부여한 인물을 연상시킨다.

교황 명칭 선택을 통해, 베네딕도 16세는 자신의 교황직에 관한 중요한 실마리를 내비쳤던 것이다.

---

5 *Joseph Ratzinger: discours et conférences* (*de Vatican II à 2005*). Hors-série de *La Documentation catholique* (Bayard 2005).

"나의 진정한 출생지가 어디인지는 나도 정확하게 말할 수 없다. …"『회고록』[1]에 나타나는 요제프 라칭거의 이러한 고백을 글자 그대로 받아들여서는 안 된다. 물론 미래의 교황 요제프 라칭거의 경우, 가령 그의 전임자 카롤 보이티야가 폴란드 남부의 소도시 바도비체Wadowice에서 태어나(1920), 대학에 입학할 때(1938)까지 그곳에서 생활했다는 것과 같은 의미에서라면, 그의 지역적 뿌리를 명확하게 댈 수가 없다. 어린 요제프는 10년 동안 네 곳의 마을을 전전하며 살았는데, 그중 어느 마을도 그의 주된 성장지로 내세울 수 없기 때문이다. 오늘날 이 독일인 교황은 자신이 태어난 마을 마

---

1 Joseph, Cardinal Ratzinger, *Ma vie. Souvenirs 1927~1977*, Fayard, 1988.

르크틀 암 인Marktl am Inn 주민들의 관광 수익이 줄어들 위험에도 불구하고, "(자신의) 출생지에 대한 어떤 기억도 없다"[2]고 토로한다. 그 지역 박물관은 어린 요제프가 세례 받을 때 사용한 세례반을 소중하게 보존하고 있다. 지역 상인들은 '바티칸 빵'Vatikanbrot과 '마르크틀 교황 맥주'Marktler Papstbier를 곁들인 '라칭거 소시지'Ratzingerbratwurst나 '베네딕도 16세 케이크'Benedikttorte 등을 신나게 팔고 있다!

생가生家를 제외하고는 분명하게 확인된 '고향'Heimat이 없는 베네딕도 16세에게, 과거와 문화를 공유한 '조국'Vaterland은 있었다. 그가 가진 추억들은 대부분 그 조국에 뿌리내리고 있으며, 실제로 그의 마음은 조국에서 한 번도 멀어진 적이 없다. 그 조국은 바로 바이에른이다. 2005년 4월 19일 전 세계 언론이 새 교황의 선출을 발표했을 때, 언론은 다들 라칭거가 독일인이라는 점을 강조했다. 하지만 교황이 본디 바이에른 사람임을 분명히 부각시켰어야 옳았다.

유럽의 중심에서 태어나다

바이에른의 역사는 2천 년에 이른다. 그 역사는 한 세기 반 전에야 통일을 이룬 독일의 역사보다 훨씬 더 길다. 게다가 그 때늦은 통일도 1871년 바이에른이 프로이센에 가담하면서 촉발된 것이었다. 오늘날 바이에른은 다른 지방과 마

---

2 Cardinal Ratzinger, *Le Sel de la terre. Entretiens avec Peter Seewald*, Flammarion-Cerf 1977.

찬가지로 하나의 주州(Land)다. 그러나 바이에른은 다른 주와 차별되는 고유의 문화·방언·풍습을 여전히 간직하고 있다. 바이에른은 늘 독일의 다른 지방과 차별화되려는 욕구가 강했다. 가령, 종교적으로는 16세기 종교개혁이라는 매혹적인 세이렌[3]에게 굴복하지 않은 유일한 게르만 지방이었다는 사실을 자랑스럽게 생각한다. 그동안 바이에른 사람들은 자신이 전통적인 독일 정당들의 놀음에 억지로 놀아나지 않는다는 것을 여러 차례 보여 주었다(2005년 가을 총선에서도 입증되었다). 또한 그들은, 한때 작센이나 프로이센 사람들에게 예속되지 않았듯이 지금은 구동독 사람들에게 예속되지 않으려 한다.

이처럼 독립적이고 가톨릭적 성향이 강한 바이에른 지방에서, 어린 요제프 라칭거는 지역보안대장이었던 아버지의 잦은 전근으로 이사를 많이 다녀야 했다. 성격이 형성되고, 학업을 닦고, 문화를 습득하고 성소를 결정한 곳이 바로 바이에른이다. 전쟁이라는 예측할 수 없는 비극을 알게 된 곳도, 훗날 대주교가 된 곳도 바로 여기다. 말하자면 그는 단한 번 자기 출신 지역에서 사목직을 수행하게 되는데, 가톨릭교회의 전통과는 맞지 않는 일이었다. 역사의 암시일까. 거의 같은 시기, 그곳에서 600킬로미터 떨어진 곳에서 유사

---

3 상반신은 여자, 하반신은 새의 모습을 한 그리스 신화의 바다 요정. 호메로스의 『오디세이』를 보면, 이들은 지중해의 한 섬에 살면서 감미로운 노래와 연주로 지나가는 배의 선원들을 유혹하여 배를 침몰시키고 선원들을 죽였다고 한다 — 역자 주.

한 경우가 생기게 되거니와, 보이티야라는 신부가 크라쿠프의 주교로, 그 후에는 대주교로 서임될 것이었다.

또 하나 분명히 짚고 넘어갈 것이 있다. 뉘른베르크Nürnberg, 아우크스부르크Augsburg, 레겐스부르크Regensburg 등이 바이에른의 주요 도시들이지만, 라칭거가 살았던 바이에른 지방은 이 도시들과 별 상관이 없다. 교황의 연고지는 유서 깊은 바이에른, 즉 심부深部 바이에른이다. 마르크틀 암 인, 티트모닝Tittmoning, 아샤우 암 킴제Aschau am Chiemsee 및 트라운슈타인Traunstein으로 이어지는 어릴적 요제프의 네 주소지는 인Inn 강과 그 지류인 잘차흐Salzach 강과 킴제Chiemsee 호수 사이 40여 킬로미터를 한 변으로 하는 삼각 지대 내에 자리한다. 멀리 서쪽으로는 맥줏집과 시장과 주교좌성당이 있는 뮌헨 시가 자리 잡고 있다. 남쪽으로는 오스트리아 알프스의 지맥들이 펼쳐진다. 생기 넘치는 마을들과 그림엽서 배경 같은 경관을 자랑하는 이 작은 지방이 '오버바이에른' Oberbayern으로, 지도상으로는 독일의 오른쪽 가장 아랫부분, 정확히 유럽의 중심이다.

게다가 지리적 삼각 지대 내의 알퇴팅Altötting에는 성모 마리아를 공경하는 성지가 있다. 라칭거 가족은 자주 그곳 성 안나 대성당에서 기도 드리고, 유명한 자비의 경당에 모셔진 그 지방 특유의 검은 동정 성모상을 공경하러 가곤 했다. 알퇴팅은 '바이에른의 루르드'라 할 만하다. 그곳 대성당은 청남색 외관과 수많은 종탑으로 유명하다. 그곳은 특히 베네딕도 16세가 가장 소중하게 여기는 장소 중 하나다. 베네딕도 16세는 교황 선출 후 첫 담화에서 그 성지를 '바이에른의 심장', '유럽의 심장'[4]이라 불렀다.

둥근 종루와 고딕 양식의 첨탑

어린 요제프 알로이스 라칭거Joseph Alois Ratzinger는 1927년 4월 16일 마르크틀 암 인에서 태어났다. 붉은 기와집들이 늘어선 평화로운 작은 마을 마르크틀 암 인은 오스트리아 국경 인근 파사우Passau 교구 소속이다. 13세기에 건설된 이 평범한 도시의 인구는 2천 명 남짓, 대부분 가톨릭 신자다. 마르크트Markt 광장 11번지에는 위엄을 갖춘 집이 한 채 있다. 나무로 널따란 지붕을 인 아홉 칸짜리 그 집은 흰색과 노란색으로 칠해져 있다. 전형적인 18세기 바이에른 남부건축양식이다. 그 집 2층이 지역보안대장이었던 아버지 요제프 라칭거의 관사였다. 미래의 교황은 바로 그 모퉁이 창문 너머에서 태어났다.

맞은편에 성 오스왈두스Oswaldus 성당이 우뚝 서 있다. 오스왈두스는 6세기 영국에 복음을 전한 왕의 이름이다. 그는 중세 유럽 이 지방 전역에서 널리 공경받았다. 태어난 지 몇 시간 뒤, 교황의 부모는 갓난아기를 따뜻하게 감싸서 새벽 추위에 눈길을 헤치고 성당으로 데려갔다. 당시에는 성토요

---

4 *Ibid.*

일 아침부터 부활 대축일을 지냈다. 부활 대축일을 맞아 축성한 새 세례수로 세례를 주면 갓난아기가 더 많은 은총을 받을 터였다. 훗날 요제프 라칭거는 "새로 축성된 새 세례수로 첫 세례를 받았다"[5]고 회고한다.

유서 깊은 그 지방 농민층 출신의 지역보안대장 라칭거는 공무상 전근이 잦았다. 킴제 호숫가에서 그는 림스팅Rimsting 출신의 한 수공업자의 딸 마리아를 만났다. 그때 그녀는 이미 마흔 살이 넘었다. 마리아는 호텔 요리사 일을 그만두고 그와 결혼하여 세 아이를 낳았다. 게오르크, 마리아, 요제프 알로이스다. 둘째와 셋째에게 마리아와 요제프라는 부모의 이름을 물려준 것은 가톨릭교회에 대한 부모의 애정을 말해준다.

라칭거 가족이 남쪽으로 20킬로미터 떨어진 잘차흐 기슭의 티트모닝으로 이사한 것은, 요제프의 나이 겨우 두 살 때였다. 다리 건너 맞은편이 바로 오스트리아다. 오래된 성채에서 내려다보는 마을은 매혹적이었다. 라칭거는 티트모닝을 '소년 시절 꿈이 서린 고장'으로 기억한다. 그는 "라우펜 Laufen 성문과 부르크하우젠Bourghausen 성문이 경계를 짓고, 고풍창연한 부르주아풍의 저택들로 둘러싸였으며, 우아한 분수가 있는 장엄한 광장", 그리고 "마법의 약속처럼 밤을 밝히는 성탄의 쇼윈도들"[6]을 회상한다.

---

5 2005년 4월 25일 5천 명의 독일 성지 순례객들 앞에서.

6 *Ma vie*, op. cit.

부활절이면 그 개구쟁이는 바로크 양식의 수도원 성당의 꽃과 다채로운 촛불로 장식된 무덤 제대에 매료되었다. 성당 맞은편에는 어린 라칭거가 낮 시간을 보내던 '탁아소'가 있었는데, 집에서 아주 가까웠다. 뮌헨 대교구장 미카엘 폰 파울하버Michael von Faulhaber 추기경이 견진성사를 집전하는 모습을 처음 본 곳도 바로 여기다. 교황의 형 게오르크는 어린 요제프가 추기경의 붉은 수단을 보면서 이렇게 외쳤다고 전한다.

— 나도 언젠가는 추기경이 될 거야!

둥근 종루와 고딕 양식의 첨탑이 즐비한 바이에른 지방의 한 해는 교회 축일의 리듬에 따라 흘러가고, 경당에서 예수 수난상까지 행렬이 끊이지 않으며, 선생님들은 주일마다 성당의 오르간을 연주한다. 그러니 당시 아이들이 신부 놀이를 하고, 성체거동을 흉내 내며, 죄를 엄숙히 고백하고 성대한 성체성사 놀이를 하는 것이 무슨 놀랄 일이겠는가? 이 지방에서는 사회와 종교 사이에 단절이 없다. '안녕하세요', '고맙습니다'라는 인사말도 독일 다른 지방과는 달리 '그뤼스 곳!'Grüss Gott!, '페르겔츠 곳!'Vergelt's Gott!이라고 함으로써 자연스럽게 하느님께 기도를 드린다.

이런 티트모닝의 분위기는 그 어린 소년에게 특별히 종교적인 영향을 주었다. 슈타트 광장 39번지 아버지의 관사는 16세기 이래 옛 수도원장의 숙소였다. 작은 부엌과 거실이 하나씩 딸린 그 이층집은 아름답긴 했지만 그리 편하지는 않았다. 옛 참사회의실은 침실로 썼다. 지금 눈으로 보면 그 방은 마을 금고 사무실로 더 잘 어울릴 것 같다.

나치즘의 대두

1932년 말, 아버지의 임지가 바뀌어 또 이사를 했다. 성탄 직전 라칭거 가족은 북동쪽으로 약 30킬로미터 떨어진 아샤우 암 킴제에 정착했다. 뾰족한 종탑이 있는 신고딕 양식의 작은 성당을 중심으로 5백 명 정도가 모여 사는 작은 마을이었다. 마을 외곽 한 부유한 농민에게서 세를 얻은 집은 넓고 편했다. 라칭거 가족의 거처는 발코니 딸린 2층이었다. 정원과 연못이 내려다보였다. 욕실은 없지만 수돗물은 나왔다. 어머니는 전원 분위기에 만족했다.

아버지 라칭거의 농촌 선호는 다분히 의도적이었다. 나치즘의 대두는 불안감을 고조시켰다. 티트모닝 근무 당시 그는 '나치당원들'에게 적대감을 지니고 있었다. 그런 이유로 언젠가는 직장생활에 종지부를 찍을지도 모른다는 것은 심각한 걱정거리였다. 그러나 아샤우는 그런 '대단한 역사'와 거리가 먼 듯 보였으며, 정치적 긴장도 아직은 마을 사람들 사이의 관계에까지 영향을 미치고 있지는 않았다.

게오르크(열두 살)와 마리아(열 살)는 종종 학교에서 '새로운 독일의 영광을 위하여' 열병식을 해야 했을 것이다. 요제프 라칭거는 어떤 젊은 교사가 '생명의 나무'(5월)를 만들어 세우고 '하지夏至 축제'(6월)를 계획한 일을 회상하면서 분노를 감추지 않는다. 그 행사는 아리안의 독일 이데올로기가 헐뜯고 폄훼하던 유대·그리스도교의 신성한 전례들을 대체하기 위해 계획된 것이었다. 그렇다고 미래의 교황이 『회고록』에서 이야기한 '바이에른 농민들에 대한 좋은 감정[7]'을 변질시킬 정도는 아니었다. 마을 언덕 위에 등대를 세우는 공사가 진행되었는데, 이는 적의 야간 공습을 사전에 포착할 용도임이 명백했다. 아샤우 주민들은 이 공사를 의아해했다. 학교와 교리교육, 행렬과 성무일도, 축일과 성사들 사이를 오가는 일상은 전반적으로 순조롭게 진행되었다. 1936년 3월 6일, '화창한 일요일'에 요제프는 또래 친구 30여 명과 함께 마을 성당에서 첫영성체를 받았다.[8] 유럽의 모든 대사관을 불안에 떨게 한 전쟁의 음산한 풍문과 위협은 남의 일처럼 느껴졌다.

1937년 3월 6일, 만 60세 되던 해 아버지는 지역보안대장직에서 은퇴했다. 권위주의 체제하에서 특히 노출된 직업의 특성상 정년 연장은 생각할 수도 없는 모험이었다! 신중한 그는 1933년에 킴제 호수에서 15킬로미터 정도 떨어진 후프슐라크Hufschlag라는 작은 마을 오래된 농가 한 채를 미리 구입해 두었다. 주소는 암 아이히벡Am Eichweg 19번지였다. 우연의 일치이지만 그곳은 트라운슈타인을 빠져나가 티트

---

7 *Ibid.*

8 2005년 10월 15일 로마에서 어린이들과의 만남에서.

모닝으로 가는 길목에 있었다. 봄 햇살 화창한 4월 어느 날, 아샤우 암 킴제의 여인숙 주인은 이삿짐 트럭을 기다리게 하고는 라칭거 가족을 자동차로 앵초꽃이 만발한 그곳에 데려다 주었다.

새로 이사한 집은 1726년 산골 생활에 어울리게 지은 투박한 건물로, 얼마 전까지만 해도 사람이나 짐승들이 겨울을 나던 곳이었다. 낡은 곳간들은 나무 울타리를 쳐 보호했고 널판을 엮어 지붕을 넓게 올렸다. 상수도 대신 우물이 하나 있고, 야생 과일나무들도 자랐다. 인근 여덟 산 기슭을 따라 떡갈나무와 너도밤나무 숲이 펼쳐졌다. 집안 형편대로 이사한 곳이기는 하지만, 요제프 라칭거에게는 이 넓은 집이 조만간 '어린이의 꿈'이자 '가장 아름다운 천국'이 될 곳이었다.

유년기의 끝

인구 1만 5천 명의 트라운슈타인 사람들은 아샤우 마을 사람들만큼 매력적이지는 않았다. 그러나 그곳에는 고등학교 하나와 (형 게오르크가 다니는) 교구 신학교가 있었다. 군청 소재지인 트라운슈타인은 19세기까지 염전을 개발하여 부와 명성을 얻은 비교적 부유한 온천 도시였다. 도심에서 후프슐라크까지는 걸어서 45분 정도 걸렸다. 당시 로젠하이머 거리Rosenheimer Strasse에는 철책으로 둘러싸인 2층 건물이 있었는데, 바로 '정통 인문학'을 가르치는 고등학교

Humanistiches Gymnasium였다. 1937년, 어린 요제프는 그곳에서 중등학생으로서의 첫걸음을 내디뎠다. 열 살에 그는 아샤우의 초등학교와는 아무런 공통점이 없는 그 학교의 막내들 중 한 명이 되어, 새로운 학과, 새로운 교과목, 새로운 관습에 접했다. 그에게 새로운 즐거움을 준 것은 바로 라틴어였다. 싫어한 과목은 체육이었는데, 그 개구쟁이에게 매일 그 시간은 일종의 '고문'이었다!

2년 후인 1939년 부활절에 본당 신부의 끈질긴 권유로 요제프 라칭거는 형이 다니는 성 미카엘 소신학교에 기숙학생으로 입학했다. 아버지의 퇴직 연금은 학비를 대기에 부족했다. 마리아 누나가 트라운슈타인의 백화점 사무원으로 취직했고, 어머니는 그해 여름 킴제 호수 남쪽의 산악 휴양지 라이트 임 빈클Reit im Winkl에서 요리사로 일했다. 어린 요제프에게는 그해가 아무 걱정이 없는 유년 시절의 마지막이었다. 그러나 그 끝자락은 떠들썩했다. 6개월 후인 9월 1일, 독일은 마침내 전쟁을 일으켰다.

지금까지의 이야기를 놓고 보면 베네딕도 16세의 인생 첫 자락은 요한 바오로 2세와 공통점이 많다. 카롤 보이티야도 아버지의 이름을 그대로 물려받았는데, 그의 아버지 역시 초급 장교였다. 물론 보이티야의 아버지는 보안대가 아닌 보병으로 근무했지만 말이다. 두 가족 모두 '마르크트 광장'과 인접한 부르주아풍 아파트를 얻어 살았는데, 바로 맞은

편에는 유럽 중심부의 매우 가톨릭적 중소 도시 특유의 성
당이 있었다.

두 아이 모두 시를 썼고 어릴 때 그 지역 대주교의 방문에
서 깊은 인상을 받았다. 보이티야도 '검은 성모'라고 이름 붙
은 그 지방의 대표적인 성모상(Kalwaria Zebrzydowska)을 자주
찾곤 했다. 보이티야는 신심 깊은 아버지와 야트막한 산으
로 자주 산책을 했는데, 아버지의 표양이 그의 청년기 신앙
에 영향을 미칠 수밖에 없었다.[9] 그 역시 제2차 세계대전 이
전에 이미 성취를 맛본 나치즘과 국가 주도의 반유대주의를
통해 유럽에 긴장이 고조되고 있음을 목격했다.

---

[9] Bernard Lecomte, *Jean-Paul II*, Gallimard, 2003.

요제프 라칭거가 태어난 1927년 무렵, 패전의 굴욕을 당한 독일은 정정政情이 몹시 불안했다. 1918년 패전 이후 베르사유 조약으로 강요된 배상금 때문에 독일 국민들은 기진맥진했고 총체적 불만이 고조되었다. 소위 바이마르 공화국은 무력했으며 정치적 대립으로 약화되었고, 급진주의자들의 대두로 안정을 잃어 갔다. 소란스런 집회, 신랄한 벽보, 당파적 긴장이 끊이지 않던 시대였다. 오스트리아에 이어 바로 바이에른을 강타한 1929년의 경제 위기는 인플레이션과 폭발적 실업 사태를 초래했다. 도시 민중은 분노했다.

　뮌헨에서 결성된 독일 국가사회주의노동당NSDAP은 1930년 9월 제국 의회 선거에서 6백만 표를 획득했다. 이는 오스트리아 측 인Inn 강변, 브라우나우 암 인Braunau am Inn에서 태어난 극단적 선동정치가 아돌프 히틀러Adolf Hitler가 거둔 첫 번째 정치적 승리였다. 1932년 7월, 나치 당은 독일 제1당이 되었고, 1933년 1월 30일 힌덴부르크Paul von Hindenburg 대통령은 마침내 아돌프 히틀러를 수상으로 임명했다. 그다음은 이미 잘 알려진 바다. 제국 의회 의사당 방화(1933년 2월 27일) 사건에서부터 '장검長劍의 밤'(1934년 6월 30일) 사건에 이르기까지 국가사회주의노동당은 독일 사회의 모든 제도와 기구들에 대한 전반적 통제 질서를 확립했다.

1936년, 아무 제재도 받지 않고 성공한 루르Ruhr 지방 재탈환, 1938년의 오스트리아 합병, 주데텐란트Sudetenland 위기 이후 1938년 9월의 뮌헨 협정으로 승인된 보헤미아-모라비아 지방 병합 등은 독일의 '생존권' 획득을 적극 강조한 히틀러에게, 동유럽 정복의 전망을 밝혀 주었다.

지역보안대장의 전략

요제프 라칭거의 아버지는 이 모든 상황을 불안하게 주시하고 있었다. 그는 자신이 높이 평가하던 프랑스인들이 히틀러에 대해서 어떤 군사적 대응도 꾀하지 않은 채 방관하는 것을 이해할 수 없었다. 당시 오스트리아 합병은 적어도 그 가족에게는 예기치 못한 결과를 가져왔다. 라칭거 가족은 잘츠부르크, 특히 '성모 통고' 성지에 가기 위해 티트모닝에 있는 잘차흐 강의 다리를 건너곤 했는데, 당국이 그 다리를 폐쇄해 버린 것이다. 오스트리아 국경을 넘기가 더 어려워졌다는 점, 그것이 합병의 역설이었다. 잘츠부르크 국제 음악제는 관중을 잃었고 입장권 가격도 폭락했다. 여름 동안 게오르크와 동생 요제프는 이 상황을 영리하게 이용했다. 어린 요제프는 싼값으로 여러 음악회를 섭렵하여 모차르트의 'C 단조 장엄 미사곡'이나 레겐스부르크 소년 합창단 같은 매혹적인 몇몇 추억들을 마음에 간직했다. 형을 따라 성가 합창에도 매료되었다. 요제프는 특히 모차르트 합창곡에 열광했다.

퇴역한 보안대 장교는 마음이 편치 않았다. 당시 상황을 알기에는 뮌헨보다 유리했다. 체제는 라인하르트 하이드리히Reinhard Heydrich와 헤르만 밀러Hermann Müller의 지휘하에 게슈타포를 비롯한 각종 경찰력을 재편하기 시작했다. 골수 반나치주의자인 그는 야당지 「올바른 길」Der gerade Weg을 정기 구독하고 있었는데, 그 신문을 읽고는 어김없이 분통을 터뜨렸다. 요제프도 그 신문에 실린 히틀러 풍자만화들을 기억했다. 훗날 라칭거는 이런 말을 한다. "19세기 이래 바이에른에는 두 가지 정치적 흐름이 있었다. 첫째는 제국으로 편향된 독일 민족주의 경향이고, 다른 하나는 친프랑스적이고 가톨릭적인, 한마디로 오스트리아–바이에른적 경향이었다."[1] 1933년 3월 트라운슈타인에서 나치당은 바이에른 민중당PVP에 훨씬 뒤지는 31%를 득표하는 데 그쳤다(연방 평

---

[1] *Le Sel de la terre*, op. cit.

균 46%). 북부 바이에른과 남부 바이에른, 즉 전통적 바이에른의 대다수 주민들처럼 미래 교황의 부모도 민중적이고 가톨릭적이며 반나치적인 흐름을 타고 있었다. 그들을 고무시킨 '바이에른의 애국심'은 훌륭했으며, 제국의 야망에 기반이 되는 히틀러의 민중주의적 민족주의와 대립되었다. 특히 제국이 가톨릭교회를 비난할 때는 더욱 그랬다.

극렬한 반유대주의자인 나치들은 종교에 적대적이었다. 유대교적 기원과 영향으로 인해 '부패하고 타락했다'고 그들이 비난하던 가톨릭교회에 대해서는 특히 더 심했다. 교황 비오 11세가 조인한 정교조약을 당시 가톨릭교회 반대 투쟁이 위반한 것은 충격이었다. 그 투쟁은 반성직주의 추종자들과 신념에 찬 호전적 히틀러주의자들 사이에 매개 역할을 했다. 주교들은 사목서한을 통해 교회 학교(école confession-nelle)에 대한 공격에 격렬하게 저항했다. 히틀러는 수도원을 폐쇄하고 수사들을 체포했으며, 교실의 십자고상을 떼어 내고 종교 과목을 폐지했다. 그때 그가 만인의 갈채를 받은 것은 아니었다. 트라운슈타인 사람들은 '교실 내 십자고상 부착 금지'에 저항한 당시 학부모들의 시위를 기억하고 있다.

1939년 가을, 트라운슈타인의 소신학교는 육군병원으로 개조되었다. 교장 신부는 곧바로 다른 건물을 찾았다. 언덕배기 스파르츠Sparz에 기숙생들이 없는 메리 워드Mary Ward 수녀회 건물이었다. 그곳에서 공동체 생활에 애착을 가진 아이는 요제프 혼자뿐이었다. 시내가 내려다보이는 넓은 숲

속에서 아이들은 개울가에 울타리를 치고 물고기 잡을 생각
만 하고 있었다. 요제프 라칭거는 열두 살이었다. 그는 생애
의 '정말 즐거운' 마지막 순간들이 지나가고 있다는 사실을
모르고 있었다.

히틀러유겐트

1939년 3월, 열두 살 이상 모든 독일 청소년은 히틀러 청
소년단, 즉 '히틀러유겐트'Hitlerjugend에 의무적으로 가입하
라는 법령이 공포되었다. 다분히 정치색을 띤 이 청소년 운
동은 1930년이 되기 직전 히틀러의 측근 발두르 폰 시라크
Baldur von Schirach에 의해 창설되었다. 그는 히틀러유겐트를
조직 · 발전 · 활성화시켰고, 1933년 6월에는 총재로 취임했
다. 1936년부터는 요제프의 누나도 가입했던 '독일 소녀단'
Bund Deutscher Mädchen 같은 독일의 모든 청소년 단체들을 흡
수하기 시작했다. 요컨대 역사가들은 청소년 인구의 85%
이상(거기에는 위르겐 하버마스Jürgen Habermas나 귄터 그라스Günter
Grass 같은 미래의 유력 인사들도 포함된다)이 이 단체에 가입했다고
추정한다. 당시 증언에 따르면 "대도시에서는 가끔 그 소나
기를 피할 수 있었지만 트라운슈타인에서는 불가능했다."[2]

이미 1933년에 소년 요제프는 학생들이 갈색 셔츠를 입
은 남자들의 지휘를 받으며 아샤우 암 킴제의 대로를 행진

---

2 Odile Benyahia-Kouider가 *Libération* (29 juin 2005)에서 인용 보도.

하는 광경을 목격했다. 그는 그 뜻이 석연치 않았다. 1937년 트라운슈타인 고등학교에 입학했을 때, 그는 교장이 까닭 모를 당국의 명으로 갑자기 전출되는 것을 경험했다. 라칭거 추기경은 『회고록』에서 당시 합창곡집에는 나치 군가가 수록되어 있었다고 회상한다. 또 그 고등학교의 음악교사는 독실한 가톨릭 신자였는데, '유대인에게 죽음을'Jude den Tod 이라는 선동가의 한 구절을 '재앙을 피하기를'Wende die Not이 라고 바꿔 부르도록 학생들에게 일렀다고 한다. 라칭거 추 기경은 1940년 독일군의 눈부신 승전보(폴란드, 덴마크, 노르웨 이, 네덜란드, 벨기에, 프랑스 등지에서)를 접한 아버지의 반응을 기 억했다. 아버지는 히틀러의 군사적 승리가 "요한 묵시록 시 대를 예고하는 반反그리스도의 승리"[3]라고 말씀하셨다.

그 무렵 라칭거의 부모는 충격적인 사건에 접한다.[4] 다운 증후군을 앓던 열 살배기 사촌이 당국의 명령으로 입원한 후 다시 돌아오지 않았다. 그 아이는 1934년 7월 14일에 공 포된 '위생법'에 따라 살해되고 화장되었다. 정신질환자, 농 아, 장애인, 우울증 환자, 기형아 등을 제거할 목적으로 제 정된 '법'이었다.

1941년 여름, 열네 살의 어린 요제프는 자신의 의지와 상 관 없이 '히틀러유겐트'에 가입했다. 다른 학우들도 마찬가

---

3 *Ma vie*, op. cit.

4 1996년 11월 28일 교황청 보건사목평의회에서 행한 강연, Andrea Tornielli, *Benoît XVI, la biographie*, City Editions 2005에서 인용.

지였다. 무엇보다 그는, 아버지가 종교를 박해하는 체제에 공감하긴커녕 얼마나 증오하고 있었는지 잘 알고 있었다. 그는 집단과 육체의 역량을 최고의 가치로 찬양하는 원칙과 관습에는 도저히 적응할 수 없는 성격의 소유자였다. 그러나 그 장학생의 부모는 자식이 학업을 계속할 수 있도록 온갖 희생을 감수했다. 의무 위반은 장학금 지급 중단을 의미한다. 이 점, 수학 선생은 이렇게 설명했다.

— 이 고약한 (장학)증서가 필요한 것도 이번이 끝이야!

독일이 소련을 침공한 것은 그때였다. 그 소식이 전해진 1941년 6월 20일 일요일, 그의 학급은 인근 한 호수에서 뱃놀이를 하고 있었다. 전쟁이 발발하자 스파르츠의 학교 건물은 동부전선의 부상자들을 수용하기 위하여 징발되었다. 좋은 징조가 아니었다. 어쨌든 요제프 형제는 집으로 돌아갈 수 있기를 기도하면서 새로운 명령을 기다렸다. 그 후 몇 달 동안은 어떤 '히틀러유겐트' 활동에도 참여하지 않았다.

폭격 아래서

휴식은 짧았다. 1942년 초여름, 라칭거 가족에게 경악할 일이 벌어졌다. 당시 갓 열일곱 살이 된 게오르크가 국민 의무 노동에 소집되었고 가을에는 군에 징집되었다. 그는 통신병과에 배치되어 프랑스로 떠났다.

홀로 남은 요제프는 라틴어와 그리스어 고전들뿐 아니라 괴테J.W. von Goethe와 실러F. von Schiller까지 탐독했다. 아이헨

도르프J.F. von Eichendorff, 뫼리케E.F. Mörike, 스토름O. Storm, 슈티퍼Stifer 등과 같은 19세기 작가들도 읽었고 몇 편의 시도 지었다. 그는 전례서 원문을 '더 생동감 있게' 옮기겠다는 각오로 번역했다(벌써부터!). 부모와 친구들이 불안에 떨며 살지 않았던들, 가끔 이웃집 아들이나 학우의 죽음이 알려지지 않았던들, 형이 전선에 있지 않았던들, 아마 그는 습작기의 즐거움을 만끽할 수 있었을 것이다. 프랑스에서 네덜란드로 이동한 게오르크는 다시 체코슬로바키아로, 1944년에는 이탈리아로 배치되었다. 그는 부상을 입고 트라운슈타인에 돌아와 입원했지만, 그 뒤 다시 이탈리아 전선으로 떠났다. 그의 소식은 거기까지였다.

1943년 7월 26일, 제국의 독수리 문양이 찍힌 공문 한 통이 후프슐라크Hufschlag로 배달되었다. 요제프의 동원 명령서였다. 위반은 불가능했다. 요제프는 인사 명령에 따라 군복을 입고 성 미카엘Sankt Michael 신학교 동기생들과 재회했다. 1926년과 1927년, 신학생들은 뮌헨 주둔 공군 보조요원으로 방공포대에 배속되어, 뮌헨 북쪽 루드비히스펠트Lud-wigsfeld의 BMW 항공기 엔진 공장을 방어하는 고사포 부대에 배치되었다. 성 미카엘 신학생들은 일반병처럼 병영생활을 했지만, 같은 부대에 배치된 뮌헨 막시밀리아네움Maximi-lianeum 고등학생들과 함께 일주일에 세 번 강의를 듣는 것이 허락되었다. 불행 중 다행이었다. 그들이 '막스'라고 부른 그 학교는 독일 최고 명문 고등학교 중 하나였다.

뮌헨 북동쪽 운터푀링Unterföhring, 옛 오스트리아 국경 저
편의 인스부르크Innsbruck, 뮌헨 서쪽 길힝Gilching 소재 도르
니에Dornier 회사 공장들은 공군의 요청으로 초창기 항공기
를 생산했다. 1944년 봄, 공습으로 부대원 한 명이 사망하고
여러 명이 부상당했다. 막시밀리아네움 고등학교에 갔다 오
는 길이면 그들은 미군 폭격으로 인한 뮌헨의 피해 상황을
가늠하곤 했다. "도심은 폐허가 되었으며, 매캐한 포연과 화
염이 대지를 뒤덮었다"[5]라고 훗날 라칭거는 썼다. 다른 대목
에는 연합군의 노르망디 상륙 소식으로 그와 동료들이 희망
을 품었다는 회상도 나온다. "그것은 세상 사람들에게나 독
일 사람들에게나 희망의 신호였다. 머지않아 유럽에 평화와
자유가 찾아올 것이다!"[6]

미군의 포로가 되다

1944년 9월 10일, 학생의 의무에서 겨우 벗어난 요제프
에게 새로운 동원 명령이 기다리고 있었다. 열일곱 살이 되
었으니 국민 의무 노동에 합류해야 했다. 그는 트라운슈타
인의 학우들과 함께 오스트리아와 헝가리 국경 지대의 부르
겐란트Burgenland에 배속되었다. 이번에는 어린 신병들도 전
쟁이라는 더러운 현실 속에 처박히게 되었다. 규정은 엄격
했고 일은 힘들었다. 간부들은 광신적이었다. 어느 날 한 친

---

5 *Ma vie*, op. cit.

6 2004년 6월 5일 노르망디 상륙작전 60주년 기념 강연.

위대 장교가 지원병을 뽑으려고 신학생들을 닦달했다. 라칭거를 포함한 신학생들은 두려움을 무릅쓰고, 가톨릭 사제라는 미래의 신분과 친위대는 결코 양립할 수 없다고 항변했다. 그들은 모욕과 조롱을 감내해 가면서 내키지 않는 친위대 복무를 결국 면했다.

1944년 10월, 헝가리는 붉은 군대에 항복했다. 어지럽게 헝클어진 전선이 서쪽으로 이동했다. 라칭거와 동료들은 전차호戰車壕를 팠다. 11월 20일, 아무 설명 없이 사복이 지급되었고, 공습 때문에 가다 서다를 반복하는 기차를 타고 잘츠부르크를 거쳐 집으로 돌아왔다. 라칭거는 트라운슈타인 어귀에 내렸다. 가을 끝자락의 햇살에 서리가 반짝이는 걸 보며 후프슐라크에 당도하여 가족과 재회했다. 3주 후 그는 뮌헨으로 재소집되었다. 모병 장교는 그를 트라운슈타인의 보병 부대에 배치했다. 분위기는 다달이 변했다. 비상사태 하에서 사십대의 '늙은' 가장들도 징집되었다. 전선이 가까워졌다. 트라운슈타인의 대로에서 병사들은 군가를 부르며 위풍당당한 열병식을 거행했지만, 그저 선전 효과를 노린 것에 지나지 않았다.

1945년 4월 23일, 미군은 다뉴브 강변의 레겐스부르크까지 진격했다. 4월 30일 히틀러의 자살 소식으로 해법이 자명해졌다. 병사 라칭거는 집으로 돌아가기로 결심했다. 탈영병 사살 명령을 받은 친위대원들의 주요 순찰로를 피했다. 친위대원들은 탈영병들을 나무에 매달아 죽였다. 역 근처에서 그는 군복 차림의 두 남자에게 체포되었다. 그도 죽음이 두려웠을 것이다. 상황이 '급박했다'. 훗날 『회고록』에서 그는, 순찰병들도 "전쟁에 염증을 내고 있었고 살인자가 되기를 원하지 않았다"고 언급한다. 둘 중 누군가가 그의 팔에 감긴 붕대를 보고는 도망치도록 내버려 두었다.[7]

곧바로 미군 제7 기갑사단이 오버바이에른으로 밀려들어 왔다. 트라운슈타인 어귀에서 미군은 라칭거의 집을 사령부로 택했다. 민간인 복장의 요제프가 독일군 병사라는 사실을 숨기기는 어려웠다. 미래의 교황은 체포되어 바드 아이블링Bad Aibling 군용 비행장에 집결한 수천 명의 전쟁 포로들 틈에 섞였다. 뮌헨에서 서쪽으로 130킬로미터 떨어진 울름Ulm으로 이송될 것이었다. 울름에 5만 명의 포로가 수용되었다. 철조망이 둘러쳐진 야전에서 숙영하고, 미군이 배급하는 1일분 식량을 서로 나누어야 했다. 누군가는 자발적으로 강의를 했고, 신부들은 미사를 집전했다.

1945년 6월 19일, 라칭거는 석방되었다. 미군 차량이 그를 뮌헨 교외에 내려놓았다. 그는 트라운슈타인으로 가는 우유 배달 트럭에 올라탔다. 억세게 운이 좋아 그날 저녁에는 부모님을 다시 뵐 수 있었다. 그러나 이탈리아 어느 전선에서 실종되었다는 게오르크는 아직 감감무소식이었다. 악몽이 계속되나 싶었는데 며칠 후 게오르크도 돌아왔다. 그

---

[7] *Ma vie*, op. cit.

는 곧장 피아노 앞에 앉아 「지극히 높으신 하느님, 당신을 찬양합니다」Grosser Gott, wir loben Dich라는 성가를 부르기 시작했다. 20세기 최악의 비극에 마침내 종지부를 찍으신 하느님께 감사드리는 방법 중 하나였다.

과거에 대한 부담

라칭거 추기경은 여러 저서에서 그 당시를 회상했다. 그는 2004년 6월 5일 캉Caen의 생테티엔느 주교좌성당에서 한 노르망디 상륙작전 60주년 기념 강연에서, 그 암울했던 몇 년을 새삼 오래 언급했다. 나치즘은 '기만적 통치'와 '공포의 체제'였으며, 연합군의 상륙은 '우리 독일 사람에게도 하나의 축복'이었음을 상기시켰다. 또한 끔찍한 과거를 되돌아봄으로써 유럽 국가들은 그리스도교 도덕을 거부하지 말고 신중히 숙고해야 할 것이라고 강조했다. 전쟁은 미래의 교황 베네딕도 16세에게 깊은 영향을 미쳤고 영감을 주었다.

여기서도 카롤 보이티야와 요제프 라칭거는 인상적으로 대비된다. 미래의 두 교황은 '한창 젊은 시절에' '각기 다른 전선'에 있었지만, 60년 후 베네딕도 16세가 지적하듯이, 그들은 '동일한 잔인성'을 체험했다.[8] 카롤 보이티야는 전쟁 내내 아우슈비츠 수용소에서 그리 멀지 않은 크라쿠프에서 지냈으며, 요제프 라칭거는 다카우Dachau 수용소와 가까운 뮌

---

8 2005년 5월 20일 교황 요한 바오로 2세에 관한 영화 시사회(10장 참조).

헨 인근에 있었다. 훗날 두 사람 모두, 그 두 장소에서 나치가 인간 말살의 광기를 발산했다는 사실을 알게 되었다. 두 사람 모두 죽을 뻔했으며, 말로 다 할 수 없는 것들을 몸으로 겪었다. 두 사람 모두 총 한 방 쏘지 않고 살아남았다. 훗날 두 사람은 저항운동과의 관계, 반유대주의에 대한 태도 등에 대해 때로는 당연하고 때로는 악의에 찬 수많은 질문을 받아야 했다. 2005년 4월 교황으로 선출된 직후, 특히 영국 언론은 라칭거 추기경의 입장을 관대하게 배려하지 않았다.[9] 이 독일인 교황은 히틀러 체제에 봉사했는가 하지 않았는가? 교황은 나치즘에 대한 저항을 공식적으로 표명했는가? 교황은 유대인들의 운명에 무관심했는가? 역사가 · 언론인 · 전문 연구 기관들이 증언 · 조사 · 연구를 심화시킴으로써 이 질문에 대한 답변을 내놓았다. 불명예스러운 의혹은 해소되었다. 여기 곁들여진 여러 해설들은 현대 독일인 첫 교황에 대한 연구서들을 풍성하게 해 줄 것이다.

제2차 세계대전 당시 교황들(비오 11세, 비오 12세)과 그 계승자들(요한 바오로 2세, 베네딕도 16세)의 언행에 대해 이처럼 끈질긴 의혹이 제기되고 조사하는 것도 이번이 마지막일 것이다. 단순히 인구통계학적 이유 때문에라도 베네딕도 16세 이후 어떤 교황도 그만큼 제2차 세계대전과 20세기 유럽사로부터 깊은 영향을 받지는 않을 것이기 때문이다.

---

9 특히 영국 일간지 *The Independent.*

1945년 늦가을이었다. 독일은 혼미와 황폐에서 서서히 벗어
나고 있었다. 성탄 대축일을 몇 주 앞두고 120명의 젊은이
가 뮌헨 북쪽 프라이징Freising 대신학교에 거처를 정했다. 요
제프 또래의 최연소자는 채 스무 살이 되지 않았으나, 40대
에 가까운 사람들도 있었다. 이제 막 소년기를 벗어난 이들
은 전쟁의 막바지 이야기들밖에 몰랐지만, 나머지는 5년의
시련으로 전쟁에 길들여지고, 심신에 상흔이 가득한 군인들
이었다. 지금 그들이 만나는 곳은 전쟁 동안 야전병원으로
쓰던 건물이었다. 폭격 맞은 흔적도 생생했다. 사제 지원자
들에게 지옥은 꾸며낸 이야기가 아니었다. 그들은 지옥에서
막 빠져나온 사람들이었다.

더 좋은 세상에 대한 희망

나이가 많든 적든, 어떤 체험을 했든, 그들 모두는 살아남았음을 의식하고 있었다. 그들 가족이나 친구들 중 누구 하나 죽은 이가 없는 사람은 없었다. 모두의 마음속에는 더 좋은 세상에 대한 희망과 새로운 토대 위에 사회를 재건하려는 의지가 결연했다. (동시대의 폴란드인 카롤 보이티야가 그랬듯이) 요제프 라칭거도 자신의 조국은 물질적 재건뿐 아니라 종교적 부흥도 필요하다고 확신했다. 프라이징 대신학교에는, 그 긴 환난 속에서 적어도 교회는 '잘 견디어 냈음'[1]을 증명하는 유명한 생존자들이 더러 있었다. 요제프 라칭거는 『회고록』에서 신학교 교장 미카엘 회크Michael Höck에 대해 언급한다. 그는 다카우 수용소에서 5년을 보냈다. 연로하신 파울하버 추기경은 전쟁 내내 가장 혹독한 고통을 겪어 그 상흔이 아직도 얼굴에 남아 있다는 이야기도 한다.

미카엘 폰 파울하버의 인격은 미래의 교황에게 깊이 각인되었다. 1917년 뮌헨 대교구장으로 임명된 그 독일인 애국자는 제1차 세계대전 중 망설임 없이 조국을 옹호했으며(중립을 표방한 교황 베네딕도 15세에게 욕설을 퍼부었다는 말도 있다), 1938년의 오스트리아 합병 때도 조국의 군대를 굳건히 지지했다. 그러나 동시에 1933년부터는 강론에서 나치즘을 신랄하게 비판했다. 1934년에는 그리스도교의 유대교적 기원을

---

1 *Ma vie*, op. cit.

공식적으로 상기시켰고, 1937년에는 나치즘을 단죄한 교황 회칙 「극도의 슬픔으로」*Mit brennender Sorge* 작성에도 참여했다. 보수적이고 민족주의적인 신념은 버리지 않았지만, 파울하버는 압제와 야만에 저항했다. 히틀러는 '유대인 추기경'Judenkardinal이라 부르며 그를 경멸해 마지않았다. 파울하버는 히틀러 추종 교수의 임용을 거부했다는 이유로 나치가 뮌헨 대학 신학부를 폐쇄하는 것을 지켜볼 수밖에 없었다. 나치 지지자들은 주교관을 습격했다. 히틀러 체제에 저항한 교구장으로 유명한 뮌스터의 동료 클레멘스 아우구스트 폰 갈렌Clemens August von Gallen처럼,[2] 파울하버는 강론을 통해, 학교 내 십자고상 철거 계획과 가톨릭교회에 대한 공격을 맹비난했다. 1934년과 1938년에는 치명적인 테러 위기를 맞기도 했다. 1945년 당시 76세였던 바이에른의 사자獅子는, 모름지기 따라야 할 목표·기준·모범을 갈구하는 독일의 모든 젊은 신학생에게 신화이자 살아 있는 전설이었다.

프라이징 신학교 도서관의 폭격 피해가 그리 크지 않은 건 행운이었다. 어쨌든 그곳에는 젊은 라칭거의 문학적 욕

---

2 베네딕도 16세는 더 이상 시복 미사를 집전하지 않기로 했지만, 2005년 10월 9일 로마의 성 베드로 대성당에서 거행된 클레멘스 아우구스트 폰 갈렌 추기경의 시복 미사 끝 부분에는 개인 자격으로 참석했다. 베네딕도 16세는, '나치 체제가 비상식적인 신이교도의 이데올로기를 내세워 철저하고 체계적인 방식으로 침해했던 하느님, 교회 및 인간의 권리들'을 수호하려고 노력한 그에게 개인적으로 존경심을 표명했다. [역자 주: 원문에는 '주교'(Mgr.)로 표기되어 있는 폰 갈렌은 나치에 저항한 뮌스터 교구장으로 1946년 3월 22일 세상을 떠났다. 추기경으로 서임되자마자 선종함으로써, 그의 추기경 서임 사실은 널리 알려지지 않았다.]

구를 만족시킬 만한 책이 꽤 많이 남아 있었다. 그는 페기,[3] 클로델,[4] 모리악,[5] 베르나노스[6]뿐 아니라 아누이[7]와 사르트르도 읽었다. 또 도스토예프스키F. Dostoyevsky는 물론, 르포르 G. von Le Fort, 비헤르트E. Wiechert, 랑게서E. Langgässer 등, 독일 작가의 작품들을 탐독했다. 그에게는 다른 작가들에 비해 더 특별한 감동을 주는 작가들이 있었다. 과학 분야에서는 뮌헨의 철학자 알로이스 벤젤Aloys Wenzel을 알게 되었다. 벤젤은 예측할 수 없는 것과 비합리적인 것에 대해서도 열린 태도로 접근하는 근대 과학을 주창했다. 철학에서는 테오도르 슈타인뷔헬Theodor Steinbüchel의 저서를 통해 하이데거M. Heidegger, 니체F. Nietzsche, 베르그송H. Bergson뿐 아니라 당시 대두되던 인격주의Personalismus[8]에 대해서도 알게 되었

3 페기(C. Péguy, 1873~1914): 프랑스의 시인이자 평론가. 잔 다르크를 민중과 사회주의의 영웅으로 묘사한 작품으로 유명하다. 사회주의와 가톨릭교회의 교리를 융합시키는 시를 남겼다 — 역자 주.

4 폴 클로델(Paul Claudel, 1868~1955): 현대 프랑스를 대표하는 시인이자 극작가. 만년에는 시적 성경 주해서를 남겼다 — 역자 주.

5 프랑수아 모리악(François Mauriac, 1885~1970): 프랑스의 가톨릭 소설가. 1952년 노벨 문학상을 수상했다. 제2차 세계대전 당시 레지스탕스 활동에 참여했으며, 소설 속에서 타락하는 인간과 하느님의 은총에 관련된 문제를 집중적으로 다루었다 — 역자 주.

6 조르주 베르나노스(Georges Bernanos, 1888~1948): 프랑스 가톨릭 소설가. '이 세상 모든 것은 다 은총이다'라는 주장으로 유명하다 — 역자 주.

7 장 아누이(Jean Anouilh, 1910~1987): 희곡 「안티고네」로 유명한 프랑스 극작가 — 역자 주.

8 인격에 최고 가치를 두는 입장으로, 칸트의 인격주의가 가장 유명하다. 종교적 측면에서는 예수 그리스도의 신성보다는 인성을 강조하는 신앙을 말하기도 한다 — 역자 주.

다. 신학 분야에서는 로마노 과르디니[9]를 읽었다. 과르디니는 하느님 앞에서의 인간 상황을 정적靜的인 방식이 아니라 실존적으로, 실로 극적인 방식으로 논구했다. "하느님은 전능하신 '그분'Lui일 뿐 아니라 살아 있는 '당신'Tu"이다. 신앙은 어떤 개념에 동의하는 것이 아니라 인격과의 만남이라는 점을 라칭거에게 가르쳐 준 사람이 과르디니였다. 전례에 관한 이해를 확립한 것도 과르디니 덕분이었다. 요제프 라칭거는 독일 전례 운동의 효시가 된 과르디니의 첫 저서 『전례의 정신』Vom Geist der Liturgie(1918)을 신학교에서 탐독했다.

아우구스티누스를 발견하다

스승의 인격과 자질은 스무 살의 라칭거에게 결정적인 영향을 미쳤다. 토마스주의 철학자 아놀드 빌름센Arnold Wilmsen도 그중 하나였다. 라칭거의 시선을 성 토마스 아퀴나스에서, 엄격한 신新스콜라 철학에서, 비인격적 조직신학에서 영원히 돌려놓았다. 라칭거는 대화와 만남의 철학자 유대인 마르틴 부버[10]에게 더 많은 관심을 쏟았다. 부버의 인격주의는 아우구스티누스의 사상과 공명共鳴하는 바 컸다. 라칭거

---

9 로마노 과르디니(Romano Guardini, 1885~1968): 20세기 초 독일어권에서 가장 탁월한 신학자 중 한 사람. 『근대의 종말』(Das Ende der Neuzeit, 1950)의 저자.

10 마르틴 부버(Martin Buber, 1878~1965): 독일계 유대인 철학자이자 유대교 경건주의 신앙 운동가(Hasidism). 프랑크푸르트에서 종교사를 강의했으며, 나치 독일을 탈출하여 예루살렘에서 연구를 계속했다. 『나와 너』(1916~1923), 『선과 악』(1952)의 저자.

가 첫 두 해 동안의 신학 공부에서 발견한 아우구스티누스는 한평생 큰 스승으로 남았다. 아우구스티누스를 라칭거 신학의 중요한 기준으로 삼게 된 계기를 제공해 준 것은 『고백록』, 그의 삶과 뒤늦은 회개 이야기였다. 교회사에서 가장 탁월한 인물 중 하나인 아우구스티누스가 서른둘이라는 늦은 나이에 그리스도를 만난 것, 과거의 방탕 · 쾌락 · 악습에 대해 아무것도 숨기지 않고 그리스도께 고백한 것, 그 숨김 없는 고백이 자아내는 심리적 드라마가 이 젊은 독자를 매료시킨 것이다. 아우구스티누스는 토마스주의적 스콜라 철학에 나타나는 음울하고 비인격적인 모습보다 훨씬 더 매력적이었다. 히포Hippo의 주교가 쓴 사목적 · 정치적 저술들, '주교의 사상이 지닌 신선함과 활기'는 라칭거에게 색다른 감동이었다. 그에게 아우구스티누스는 역사철학자일 뿐 아니라 신앙에 봉사하는 이성의 주창자, 예정설과 자유의지의 신학자였다. 그것은 하나의 만남이었다. '열정적이고 번민하며 질문을 던지는 사람'과의 만남, 비천한 사람들에게 봉사하는 한 목자와의 만남, 육신과 유혹에서 자유롭지 못하여 '우리가 동질감을 느낄 수 있는' 인격적 존재와의 만남이었다. 그래서 그는 한평생 아우구스티누스를 따르게 된다.

1947년 9월 1일, 요제프 라칭거는 뮌헨 대학 신학부에 입학했다. 명문 교육 기관이었지만 파괴와 궁핍으로 아직 옛 기능을 제대로 회복하지 못한 상태였다. 신학부는 잠시 뮌헨 남쪽 퓌르스텐리트Fürstenried로 이전했다. 그곳에는 아름다운 공원이 딸린 대교구 소유의 작은 성과 부속 건물들이 있었다. 18세기, 왕의 사냥궁이던 본관 건물은 전쟁 중에 병원으로 사용되었다. 신학생들은 도서관, 공부방, 공동 침실을 갖춘 건물을 배당받았다. 힘겹고 옹색한 생활이었다. 공동 침실은 학생들로 빼곡했다. 때로는 성城의 온실에서 숨이 턱턱 막히는 무더위를 참아 가며 수업을 받기도 했다.

그 대학에는 과거 독일이 지배했던 폴란드 출신 교수들이 많았다. 오랫동안 신약성경 주해를 가르친 프리드리히 빌헬름 마이어Friedrich Wilhelm Maier 교수도 브로츠와프Wroclaw(브레슬라우) 출신이었다. 다른 교수들처럼 마이어도 20세기 초 독일에서 벌어진 열띤 논쟁에 참여했다. 그 논쟁에서 신스콜라주의자 및 교의론자들과 '자유주의자'들이 대립 양상을 보였다. 전자는 로마와 제1차 바티칸 공의회와 ('근대주의' modernism를 공공연히 비판한) 교황 비오 9세의 오류표Sylla-bus에 충실했다. 마이어는 복음서의 출전에 대한 지나치게 대담한 해석으로 얼마 전 로마로부터 단죄 받았다. 사실 그의 명성은 여기에 힘입은 바 크다. 학생들은 조금은 위험한 그의 후광에 매료되었다. 신약성경을 '역사 · 자유주의적인 방식'으로 읽는 것에 모두가 동의한 것은 아니었지만, 젊은이들의 눈에 그러한 책 읽기는 로마에서 승리를 구가한 신스콜라주의의 엄격한 전통보다 분명히 더 매력적이었다.

젊은 라칭거는 동기생들과 계시의 원천에 관하여, 전례의 부흥에 관하여, 그리고 범접할 수 없는 확신(제2차 바티칸 공의회가 그러한 확신들의 불변성을 재발견하게 될 줄 미처 몰랐다)들을 재검토하는 문제에 관하여 맹렬히 토론했다. 라칭거는 엄격한 세대의 인물이다. 그는 『회고록』에서 이렇게 말한다. "마이어 교수는 20세기 초에 유행하던 화려한 미사여구를 여전히 사용하고 있었는데 처음 들을 때는 인상적이었지만 갈수록 점점 더 작위적이고 시대에 뒤진 것이라는 생각이 들었다."[11]

근본적으로 그는, 로마노 과르디니처럼 '중립적'이라기보다는 균형 감각 있는 입장에 더 매료되었다. 라칭거는 과르디니의 입장을 '교의에 한정된 자유주의'로 정의했다. 그리스도교 신앙의 본질적 진리들을 흔들지 않는다는 조건하에서 지적 개방, 금기 없는 연구, 자유로운 탐구에 동의한다는 것이다. '진부하고 구태의연한 것을 탈피한 영성'을 추종한 그는, 교리 또한 '속박이 아니라 살아 있는 샘'이라는 사실을 발견했다. 『회고록』에는 "우리에게 교회는 전례와 신학 전통의 보고寶庫 속에 살아 있다"[12]고 썼다. 마치 베네딕도 16세가 2005년 4월 교황으로서 행한 첫 강론을 듣는 듯하다.

신부가 될 것인가, 말 것인가?

이 무렵 요제프 라칭거는 자신의 성소聖召 문제에 대해 심각하게 고민했다. 성소는 매우 일찍 나타났으나 요란하지는 않았다. "하늘에서 빛의 번쩍임은 없었다. 모든 것이 내 안

---

11 *Ma vie*, op. cit.

12 *Ibid.*

에서 서서히 자랐다." 그는 신비주의 성향은 아니어서, 자신을 그저 "지극히 평범한 그리스도인"으로 묘사하고 있다.[13] '매우 일찍' 깨달은 그 '분별 있는' 성소는, 뮌헨에서 신학을 공부하던 몇 년 동안 시험대에 올랐다. 약관의 나이였다. '독신 생활이 내게 맞는가? 사제직은 과연 내게 어울리는 일인가?'라는 물음이 심각하게 제기될 나이다. 퓌르스텐리트에서 신학생들은 거의 매일 예쁜 여학생들을 가까이 접할 수밖에 없었으므로 독신 문제는 '대단히 현실적인' 차원에서 제기되었다. 미래의 교황도 그 무렵 "위기가 없지는 않았다"고 매우 짧게 언급한다. 사랑에 빠진 적도, 젊은 여자들과의 관계가 '우정'[14]의 한계를 넘은 적도 없다고 했지만, 명확하게 말하지는 않았다.

그를 괴롭힌 것은 오히려 다른 문제였다. 스스로 말하듯이, 그는 열심히 공부했고 "신학이라는 학문에 매료되었다". 그렇다고 그것이 성직자의 길을 택하는 충분조건일까? 정말 중요한 문제였다. 먼저 교수가 되는 편이 더 낫지 않을까? 사제 직무에 드는 시간과 노력이 연구 활동을 희생시키도록 강요하지나 않을까? 라칭거는 자신이 "소심하고 생활 감각이 없다"고 자평했다. "운동도 싫어하고, 조직에도 재능이 없다." 그래서 그는 자신이 아이들에게 교리를 가르치며 청년들을 지도하고 어르신들을 보살필 수 있을까, 진지하게

---

13 *Le Sel de la terre*, op. cit.

14 *Ma vie*, op. cit.

자문했다. 반면 하이데거나 베르나노스, 또는 교부들의 저술을 읽을 때는 날아갈 듯 좋았다. 1949년에 한스 우르스 폰 발타사르Hans Urs von Balthasar가 독일어로 번역한 프랑스 신학자 앙리 드 뤼박Henri de Lubac의 『가톨리시즘』*Catholicisme*이라는 책을 처음 접했을 때도 정말 행복했다!

그가 신학부 졸업 시험을 치른 후 차부제품을 거쳐 부제품을 받을 때 "확신을 가지고 '예'라고 말하면서" 마침내 사제직을 택한 것은 1950년 10월이었다. 다음 단계는 1951년 6월 29일, 성 베드로와 성 바오로 사도 대축일에 거행된 사제 서품식이었다. 그날 40명의 신학생들이 프라이징 주교좌 성당에서 미카엘 폰 파울하버 추기경의 안수를 받았다. 개중에는 요제프의 형 게오르크도 있었다. 두 젊은이에게 그날은 찬연한 추억으로 남았을 것이다.

목자보다는 학자로

요제프 라칭거 신부는 뮌헨 성혈聖血 본당의 초짜 보좌신부로 발령받았다. 첫 임지는 주택가에 있었다. 그 젊은 신부는 사제 직무가 신학 연구와 양립될 수 없다는 생각을 굳혀야 했다. 여섯 반이나 되는 천방지축 개구쟁이들에게 주당 16시간씩의 교리교육, 매일 새벽과 토요일의 고해성사, 독창적인 강론을 요구하는 세 대의 주일미사, 장례예식, 세례성사, 혼인성사, 그리고 스물네 살의 젊은 신부로서는 피해갈 수 없는 청소년 사목 등등.

관용과 열정으로 요제프 라칭거는 모험에 투신했고, 재빨리 각 분야의 한계를 확인했다. 청소년 단체는 전후 젊은이들의 요구에 더 이상 부응하지 못했고, 교리교육은 케케묵은 방식으로 이루어지고 있었다. 그는 온종일 뮌헨 거리를 자전거로 누비고 다니면서 이 모든 것을 완벽하게 파악했다. 또 오늘날 일상생활에 전통적인 교회가 적응하지 못하고 있다는 신념을 첫 본당 경험을 통하여 다질 수 있었다.

그나마 그의 동료 카롤 보이티야에게 일어났던 일이 라칭거에게도 일어나 다행이었다. 보이티야는 1948년에 사제 수품 후 고향 본당 보좌신부로 일 년 정도 짧은 경험을 하고 크라쿠프 대학 성당으로 발령받았다. 라칭거는 주교의 명으로 1952년 10월 1일부터 프라이징의 교구 대신학교에서 가르치게 되었다. 독일 교회나 폴란드 교회나 제2차 세계대전 때 막대한 피해를 입어 대대적인 재건이 필요했는데, 새로운 세대를 육성할 젊은 신부들은 많지 않았다. 유능한 지식인들을 반복적이고 소모적이기까지 한 사목 활동으로 낭비하는 것은 안타까운 일이었다.

프라이징 대신학교 강사가 된 요제프 라칭거는 좋아하는 연구를 다시 할 수 있게 되었다. 갑자기 시간이 많아졌다는 뜻이 아니다. 오히려 정반대였다. 자기보다 조금 어린 졸업반 학생을 대상으로 하는 '성사 사목신학' 강의 외에도 주교좌성당의 미사와 고해성사를 맡았고, 청소년 모임을 이끌었으며, 무엇보다 늘 대기하고 있어야 했다. 특히 신학박사 학위를 준비해야 했는데(필기시험 1회, 구두시험 8회, 학위논문 공개 심사 1회), 이 모두를 합하면 엄청난 일이었다.

논문 지도교수 고틀리프 죈겐Gottlieb Söhngen은 전후 동 프로이센에서 온 교수들 중 한 명이었다. 라칭거가 마지막 시험을 2년 일찍 끝내자, 스승은 학위 취득 시험을 치르도록 밀어주었다. 논문 주제는 '아우구스티누스의 교회론에 나타난 하느님의 백성과 하느님의 집'이었다. 죈겐 교수는 교부들에 정통했고 매우 아우구스티누스적이었다. 라칭거는 자기가 좋아하는 신학자의 저술을 읽으며 몇 달을 보냈다. 죈겐 교수는 라칭거에게, 교수 자격 취득 논문[15]을 준비하려면 아우구스티누스의 제자이자 중세의 가장 위대한 신학자들 중 한 명인 보나벤투라의 저술을 읽어 보라고 권유했다. 논문 주제는 '보나벤투라의 계시론'이었다. 논문은 1955년 여름에 제출되었다.

보나벤투라의 계시론

보나벤투라도 아우구스티누스처럼 '교회 박사'다. 그는 아시시의 프란치스코의 제자이자 전기 작가로, 13세기에 프란치스코 수도회를 개혁한 인물이다. 그는 또한 도미니코회 토마스 아퀴나스의 친구이기도 했다. 보나벤투라의 계시론을 근대적 연구로 확증하려는 데는 학문적 이해득실이나 정

---

15 독일의 교수 자격 취득 논문은 프랑스의 국가 박사에 해당한다.

치적 쟁점도 들어 있었다. 큰 희생을 치르고서야 라칭거는 이 사실을 알게 되었다.

문제는 이것이다: 그리스도교 신앙의 토대인 계시는 하느님이 직접 인간에게 '드러내 보인' 것, 다시 말해 인간이 구약과 복음서에 기록한 것에 국한되는가? 이는 루터가 '오직 성경'sola scriptura으로 돌아가자고 외치며 가톨릭교회의 오도誤導와 오류에 대항한 내용이다. 당시 권위 있는 신학자들은 이렇게 가르쳤다: 하느님의 계시는 스콜라적인 방식으로 한 세대에서 다른 세대로 전해지는 불변의 기정 사실이다.

그런데 라칭거는 논문에서, 보나벤투라와 그 동시대인들은 '계시'라는 말에 그런 의미를 부여하지 않았다고 주장했다. '계시'라는 말은 하느님이 자신을 드러내는 행위를 뜻하는 것이지, 성경 편집자들이 그 행위에서 도출해 낸 결과를 뜻하는 것이 아니라고 했다. 라칭거는, "계시라는 개념은 어떤 사람이 그것을 의식하고 있음을 전제한다. … 이 말은 계시가 성경에 선행하며, 계시가 성경에 부가되었기 때문에 그 둘이 동일시되어서는 안 된다는 뜻이다"라고 설명했다. 결론인즉 이렇다: 계시는 (어느 날 더 이상 쓰이지 않게 될 위험을 무릅쓰고) 과거와 영원 속에 고정되어 있는 것이 아니다. 계시는 (주관적 관념으로 변할 위험을 무릅쓰고) 역사 속에서 인간과 동행하는 하나의 과정이다.

경악할 나쁜 소식이 이 대담한 논문의 열정적인 저자를 기다리고 있었다. 두 명의 심사위원 중 한 사람인 미카엘 슈마우스Michael Schmaus 교수는 1956년 부활절에 쾨니히슈타인Königstein에서 열린 국제신학회장의 넓은 복도에서 라칭거에게 단도직입적으로 논문이 통과되지 못했음을 전했다. 라칭거는 아연실색했다. 논문을 다시 살펴보니 분노에 찬 슈마우스의 주석이 꼼꼼하게 달려 있었다. 라칭거는 재미있는 것을 발견했다. 그저 신경질적 충동이나 형식적 비판으로 거부한 것이 아닌 듯했다. 라칭거는 자신의 오류를 깨달았다. 미카엘 슈마우스 같은 신학자들의 '한물간' 관점을 신랄하게 비판하지 말았어야 했다. 분명 어리석은 짓이었다. 낙담이 컸다. 그저 수치로 끝날 일이 아니었다. 그는 성공을 의심하지 않았으므로 연로하신 부모를 이미 프라이징으로 모셨는데, 불안했다. 계획대로라면 교수 자격 시험을 치른 후 그곳에서 교수가 되었을 것이다.

본 대학 교수직

라칭거는 '근대주의자'라는 이유로 교수 자격 시험에 떨어졌다. 동료 칼 라너Karl Rahner의 격려와 쵠겐 교수의 현명한 조언에 힘입어 라칭거는 논문을 재검토하기로 했다. 계시에 관한 고찰에서 매우 중요한 내용들을 포기하고, 보나벤투라의 역사신학에 관한 해석으로 논문을 재구성했다. 이의가 제기되지 않았다. 수정은 15일 만에 끝났다. 200쪽 남짓했지만 제출할 만했다. 1957년 2월, 드디어 논문이 접수되었다. 며칠 후 논문 공개 심사가 열린 프라이징 대학의 대형

계단식 강의실은 심사위원들의 각축장으로 변했다. 심사위원들은 길고 긴 심의 끝에 그에게 교수 자격을 부여했다. 악몽은 끝났다. 혹독한 인생 공부였다.

요제프 라칭거는 뮌헨 대학 조교수에 이어 프라이징 철학·신학 대학 정교수로 임명됨으로써 자신의 꿈을 실현하게 된다. 1958년 여름, 그는 자신의 실패를 깨끗이 잊을 수 있는 제안을 받았다. 본Bonn 대학 기초신학 정교수직을 맡아 달라는 것이었다. 다행이었다. 바로 얼마 전 형 게오르크가 트라운슈타인의 성 오스왈두스 성당 성가대 지휘자로 임명되었기 때문이다. 79세와 72세의 노부모가 20여 년을 살던 그 도시에 새로운 보금자리를 제공하는 일은 이제 게오르크 몫이었다. 요제프는 안심하고 짐을 꾸려 본으로 떠났다.

1959년 4월 15일, 라인 강이 내려다보이는 기숙사 알베르티눔Albertinum에 거처를 정했다. 그곳에는 다른 신학자들도 살았는데, 그들은 바드 고데스베르크Bad Godesberg 주택가의 아름다운 아파트로 이사하기를 고대하고 있었다. 1959년 8월 25일 아버지의 죽음으로 슬픔에 잠기기도 했지만, 대체로 행복하고 풍요로운 시절이었다. 다양한 지적 영향력들이 교차하는 곳에서 요제프 라칭거는 당대 독일 신학계의 가장 위대한 인물들과 친교를 맺으면서 지냈다. 그의 나이 서른두 살이었다.

4장 공의회라는 뜻밖의 사건

본에 도착한 요제프 라칭거는 퓌르스텐리트의 동창생 후베르트 루테Hubert Luthe와 재회했다. 루테는 그 교구 요제프 프링스Joseph Frings 추기경의 비서가 되어 있었다. 어느 날 프링스 추기경은 벤스베르크Bensberg의 한 가톨릭 아카데미 심포지엄에서, 고향 바이에른에서 학업을 갓 마친 젊은 신학 교수가 참석자의 질의에 답변하는 것을 들었다. 수준 높은 발제문에 마음이 끌린 추기경은 발제자를 불러 긴 대화를 나누었고, 자기와 함께 일하자고 제안했다. 그 순간이 인생의 결정적 전환점인 줄을 라칭거는 미처 깨닫지 못했다.

프링스 추기경은 교회의 일인자였다. 로마를 무시로 드나드는 실세 중 한 명이었다. 1958년 가을 주세페 론칼리Giuseppe Roncalli 추기경[1]이 교회의 수장으로 선출된 직후 프링

스 추기경은 쾰른으로 돌아오는 길에, 루테에게 '아마 조만
간 공의회가 열릴 것'[2]이라고 털어놓았다.

맞는 말이었다. 실제로 1959년 1월 25일 교황 요한 23세
는 로마 성 바오로 대성전에 모인 일군의 추기경들에게 새
로운 세계 공의회의 소집을 발표했다. 1870년의 제1차 바티
칸 공의회 이후 한 세기도 채 안 되어 열리는 새 공의회다.
소식의 파장은 컸다. 이튿날 「라크루아」*La Croix*지는 '조용하
고 대담한 제스처'라는 헤드라인을 뽑았다. '선한 교황 요한'
은 현대에 들어 교회가 경험한 것 중 가장 엄청난 혁명을 촉
발시킨 것이다.

프링스 추기경의 대담한 시도

공의회는 모험이다. 중앙 준비위원회 위원인 프링스 추기
경은 애초부터 걱정이었다. 바티칸의 '관료들'이 요한 23세
의 놀라운 발의를 침탈하여 '교회 현대화'aggiornamento라는
교황의 예언자적 계획을 사전에 방해할 위험이 다분했지만,
뾰족한 대책이 없었다. 공의회 핵심 준비 기구인 신학위원
회 위원장은 성무성성聖務聖省(Sacra Congregatio Sancti Officii, 지
금의 '신앙교리성'Congregatio de Doctrina Fidei) 장관이 맡았다. 위
원장 알프레도 오타비아니Alfredo Ottaviani 추기경은 영향력이

◀1 교황 요한 23세 — 역자 주.

2 Joseph Frings, *Für die Menschen bestellt. Erinnerungen*, Köln, J.P.
Bachem Verlag, 1973.

막강한 보수주의자로, 자신의 특권에 집착이 강했다. 무엇하나 그냥 지나치는 법이 없었다. 그는 공의회가 광범위하면서도 무해한 신학적·교의적 성찰에 한정되기를 원했다. 1960년 6월 20일부터 프링스 추기경은 교황에게 서한을 보내 공의회를 신학적인 문제(당시 이러지도 저러지도 못할 분야였다)에만 국한시키지 말 것을 건의했다. 또한 '사목 관련 사안'de re pastorali을 다룰 또 하나의 준비위원회, 말하자면 독단적 탁상공론에서 벗어나 현실 세계와 직접 대면하는 위원회를 구성하자고 촉구했다.

이것이 제2차 바티칸 공의회 개막 전 2년간의 쟁점이었다. 1960년부터 1962년까지, 공의회 교부들에게 제출될 '의안'(schema)들의 초안이 수신인 중 한 명인 독일 주교회의 의장에게 전달되었다. 의장은 라칭거에게 그 초안들을 읽히고 의견을 구했다. 본 대학의 젊은 교수가 역량을 발휘할 기회였다. 그는 문서의 방대한 양에 놀랐다. 그는 최근 수십 년 동안 적어도 북유럽에서 엄청난 반향을 불러일으킨 성서학과 교부학의 부흥이 그 초안에는 반영되지 않았다는 평가를 내렸다. (라칭거의 표현에 따르면) 초안들은 '완고함'과 '편협함'으로 특징지을 수 있었다. 프링스 추기경은 완곡하게 표현하는 법이 없었다. 그는 이 초안들에 대해 심각한 거부감을 숨기지 않았다. 초안들이 교황 요한 23세의 직관이나 개혁 의지에 부합하지 않는다는 생각에서였다. 그는 교황에게 이런 점을 알릴 작정이었다.

프링스 추기경은 중앙위원회와 수정안 작성 및 기타 여러 공식 사안들을 심의하는 분과위원회에 참여했다. 주교의 권위가 실질적인 것이 되도록 평신도들도 공의회에 참석하게 하고, 비가톨릭 신자들을 토론에 참여시키기 위한 내부적 조율을 가열하게 주도했다. 추기경단 내의 '보수주의자'(오타비아니, 르페브르Lefebvre, 루피니Ruffini, 시리Siri, 브로네Browne 등)와 '개혁주의자'(알프링크Alfrink, 쾨니히König, 레제Léger, 리에나르Liénart, 수에넨스Suenens, 베아Béa, 몬티니Montini 등) 간의 대립은 점점 첨예해졌다. 쾰른의 프링스와 뮌헨의 율리우스 되프너Julius Döpfner 추기경은 개혁주의자였다. 당시 교회의 지도층 내에서 개혁주의 추기경들은 어쩔 수 없이 소수파였다.[3]

요제프 라칭거는 이 모든 과정의 직접적인 증인이었다. 라칭거는 (공의회 준비) 대책들이 주도면밀하게 차단되고 있음을 목도했다. 제2차 바티칸 공의회는 교황청의 현학적 기획안만을 승인하는 것 말고는 다른 권한이 없는 순종적 회합이 될 위험이 농후했다. 그 앞에는 진부한 자료와 무미건조한 문서들만 쌓이고 있었다. 이는 공의회를 총체적 침체에 빠지게 할 것이 분명하다. 라칭거는 각 준비위원회가 '2절판 책 2천 쪽을 충분히 채울 70개의 초안'을 제출했는데, 이는 "이전의 모든 공의회에 제출된 전체 문서의 배 이상"[4]이라고 우려했다.

---

3 *Histoire du concile Vatican II 1959~1965.* Sous la direction de Giuseppe Alberigo, tome I à V, Cerf/Peeters, 1997~2005.

공의회의 '주역들'

1962년 10월 8일 월요일, 요제프 프링스 추기경은 쾰른 공항에서 로마행 비행기에 올랐다. 같은 시간, 그의 동료 되프너도 승용차로 뮌헨을 출발하여 '영원한 도시'로 방향을 잡았다. 독일 교회의 이 두 기둥은, 세계 각지에서 올 2천5백 명의 다른 주교들처럼 지적·영적·정치적 모험을 위하여 그렇게들 출발했다. 하지만 이 모험이 3년이나 끌 줄은 아무도 예상하지 못했다.

로마에서 독일 추기경과 주교들은 이탈리아인 다음으로 중요한 그룹을 형성했다. 그들은 나보나 광장 근처의 아니마Anima 신학원과 산타 마리아 인 캄포산토Santa Maria in Camposanto의 독일 신학원, 기타 여러 수도회에 분산·배정되었다. 라칭거는 자기 교구장과 함께 아니마 신학원에 묵었다. 본디 그는 '신학 자문역'이었으나 몇 주 후 프링스 추기경은 그를 완전한 자격을 갖춘 '전문위원'peritus으로 임명했다.

주교들을 보좌하는 300명의 전문위원들은 대부분 교황청이 잘 아는 '로마인들'이었다. 그들은 교황청 각 부서에서 일하는 교회법 학자, 로마의 여러 연구 기관 소속 연구원과 대학 교수, 각종 수도회와 단체의 사제들이었다. 소수의 다른 전문위원들은 프랑스, 독일, 네덜란드, 벨기에, 스위스 등에서 신학, 교회법, 교회사를 가르치는 학자들이었다. 교황청

---

4 Joseph Ratzinger, *Die erste Sitzungsperiode des Zweiten Vatikanischen Konzils – Ein Rückblick*, Köln, 1963.

기구들은 그들을 존중하지 않았고, 때로 맹렬히 비난을 퍼
붓기도 했다. 그러나 그들의 견해·조언·전략·논쟁은 공
의회 의사 진행에 지대한 영향력을 발휘하여, 훗날 '공의회
의 주역들'cuisiniers du concile이라고 불리게 된다. 가장 영향력
있는 추기경들의 보호하에 전문위원들은 총회장 뒤편에서,
'초안'의 작성·수정·개정 임무를 맡은 위원회와 분과위원
회장 복도에서, 엄청나게 많은 일을 했다. 종종 그들은 공의
회 교부들에게서 주역의 자리를 빼앗을 정도였다.

　독일계 스위스인으로 예수회 회원인 칼 라너, 네덜란드인
에드바르트 스힐레벡스Edward Schillebeeckx, 프랑스인 앙리
드 뤼박, 장 다니엘루Jean Daniélou 및 이브 콩가르Yves Congar,
벨기에인 제라르 필립스Gérard Philips 등은 제2차 바티칸 공
의회의 '스타'였다. 그들의 논문과 인터뷰마다 언론이 촉각
을 곤두세워, 그것들은 널리 읽히고 해석되고 분석되었다.
젊은 라칭거가 한스 큉Hans Küng, 후베르트 예딘Hubert Jedin,
오토 세멜로트Otto Semmelroth, 에두아르트 슈타케마이어
Edouard Stakemeier 혹은 베르나르트 헤링Bernard Häring 등과 같
은 독일어권 인사들 중 몇몇(15명가량의 독일인 전문위원)을 진작
알고 있었던들 그는 프랑스인, 특히 '신新신학'의 옹호자들과
쉽게 공감했을 것이다. '신신학'은 30년 전부터 전문 학술지
들을 통해 교회와 신앙에 대한 성찰을 발전시키고 있었는
데, 이는 교황청의 폐쇄적인 분위기나 법률적·교조적 이념
과는 거리가 먼 것이었다.

지엽적이긴 하지만, 그 당시 논쟁의 색깔을 결정한 통계 하나를 지적하자: 전체 '전문위원'의 96%가 유럽인이었다!

공의회의 파괴자들

공의회 초기의 쟁점은 뜨거웠다. 로마 교황청은 치밀하게 준비되고 실제로 나무랄 데 없는 문건들을 공의회 교부들로 하여금 신속히 지지하도록 함으로써, 제도·서열·권위에 충실하고 자기 안에 확고히 안주해 있는 교회에 대한 해묵은 견해를 공고히 할 수도 있었다. 그렇게 되면 제2차 바티칸 공의회는, 그보다 90년 앞서 열렸고 '근대주의'에 대한 반동을 주로 다루었던 제1차 바티칸 공의회의 논리적 연장선상에 놓일 것이다. 혹은 로마에 소집된 2,500명의 주교들은 제출된 의안들을 재빨리 낚아채 논쟁을 주도하며 안팎에서 논쟁을 벌일 수도 있었다. 그러니 모든 것이, 절대적으로 모든 것이 가능했다.

그런 태도는 개막 때부터 드러났다. 10월 13일에 소집된 첫 총회의 의사일정은 각 위원회 위원 160명을 즉각 선출하도록 짜여 있었다. 이제 막 성 베드로 대성전에 자리한 추기경과 주교들은 당황했다. 배포된 명단의 인물 중 절대다수가 잘 모르는 사람들이었다. 별안간 의장석에서 두 명의 추기경이 일어나자 다들 깜짝 놀랐다. 릴Lille의 리에나르 추기경과 쾰른의 프링스 추기경이었다. 두 추기경은 진행에 이의를 제기했다. 말미를 가지고 협의와 숙고의 과정을 거치자는 것이었다. 오랫동안 성 베드로 대성전에 갈채가 그치지 않았다! 의장 티세랑Tisserant 추기경은 청원을 받아들였다. 공의회 조직자들(오타비아니, 시리, 펠리치)은 대경실색했다. 제2차 바티칸 공의회의 첫 심의에 50분이 소요되었다.[5]

요제프 라칭거는 회의에 참석하지 않았지만 이 사건에 매료되었다. 그가 속한 교구장의 문건을 작성한 사람은 (알려진 것과는 달리) 그가 아니었다. 그러나 이러한 소동으로 많은 통념이 뒤집어졌기에 사안의 중대성은 꿰고 있었다. 통념이란 이를테면 이런 것이다: 어떻게 교황청의 의견을 거스를 수 있단 말인가? 그리되면 공의회는 무산되지 않을까? 결국 성 베드로 대성전은 참석자 등록 사무실로 전락하는 것이 아닌가? 이런 분위기 속에서 제3세계나 동유럽에서 온 젊은 고위 성직자들(크라쿠프의 카롤 보이티야 같은)은, 로마 교황청은 신성불가침의 기관이 아니며, 따라서 교황청의 의견에 이의를 제기할 수도 있다는 사실을 납득하기 시작했다.

라너와 라칭거의 이중주

되프너, 폴크Volk, 벵슈Bengsch, 쾨니히 등, 독일어권 주교들은 자신에게 유리한 조건을 적극적으로 밀어붙이기를 원했다. 공의회 조직자들이 정한 1차 대토론을 잠시 중단함으로써, 전권을 지닌 신학위원회가 제안한 교리·교의적 문건

---

5 *Histoire du concile*, op. cit.

들에 대한 기계적인 전체 투표를 피하기로 결정한 것은 바로 그런 의도에서였다. 10월 10일, 협력자와 자문역도 참석한 가운데 첫 회의가 소집되었다. 심의 대상 초안을 보고 그 독일인 주교들은 많은 것을 유보시켜야겠다는 생각을 했다. 그중 하나가 바로 하느님의 계시에 관한 것이다. 제목은 '하느님의 계시의 원천에 관한 교의 헌장 초안'Schema constitutionis dogmaticae de fontibus revelationis이었다. 최연소 참석자에게 질문이 쏟아졌다. 35세의 젊은 신학자는 이 문제에 정통했다. 최근 이 주제로 교수 자격 취득 논문 심사에 통과했기 때문이다. '성가대 소년'이라는 별명으로 불릴 만큼 뽀송뽀송한 동안童顔의 소유자, 그의 이름은 요제프 라칭거였다.

구체적 대응 방안은, 대체 초안을 작성하여 그 주제에 관한 토론을 연장시키자는 것이었다(칼 라너의 제안). 5일 후 대체 초안에 대해 토론하기 위해 다시 독일 신학원에 모인 주교들은 라칭거 교수가 유려한 라틴어로 작성한 초안 제1장을 (벌써!) 제출하자 놀라움을 금치 못했다. 이 대응 스케마의 초안은 칼 라너의 다른 문건과 조화를 이루면서 '라너-라칭거 문건'으로 정착될 것이었다.

10월 25일, 프링스 추기경은 대체 초안의 개요를 설명하려고 명망 높은 추기경 몇몇[개혁주의자 쾨니히, 알프링크, 수에넨스, 리에나르, 몬티니Montini(훗날 교황 바오로 6세)뿐 아니라 매우 보수적인 시리까지]을 초청했다. 브리핑 담당자 역시 라칭거였다. 그는 유명세를 탔고 그의 역량과 겸손은 높이 평가되었다. 이 작업에 적대적이었던 시리 추기경조차도 라칭거 발언의 타당성을 인정할 수밖에 없었으며, 그 내용과 관련하여 (나중에) '교황의 사목서한'을 작성하려면 내용을 일일이 기록해 놓아야 할 것이라고 재치 있게 권하기도 했다.

사실 라너와 라칭거의 협력도 무결無缺한 것은 아니었다. 당시 두 사람을 연결시킨 중요한 묵계는 훗날 라칭거가 '신학 분야에 관한 한 우리는 서로 다른 두 별에 살고 있었다'고 술회할 정도로 본질적으로는 현저한 불일치를 은폐하고 있었다. 라너가 제안한 '사변적이고 철학적인' 신학은 교부들과도 거리가 멀고 라칭거의 제도적 방식과도 반대되는 것이었다. 그러나 그는 "외부 사람들이 우리의 불일치를 눈치 챈 것은 그래도 한참 뒤였다"라고 언급했다.[6]

1962년 10월, 그 열정의 시기에 두 사람은 신앙의 원천에 관한 토론을 성사시키려는 전략적 목표를 세웠다. 결국 애초의 초안이 기각되고 후에 완전히 개정됨으로써 그들은 목표를 달성했다. 많은 수정을 거친 후 하느님의 계시에 관한 교의 헌장 「하느님의 말씀」*Dei Verbum*이 채택된 것은 공의회가 끝나 갈 무렵인 1965년 11월 18일이었다.

2005년 11월 헌장 반포 40주년을 기념하는 학술 대회에서 교황 베네딕도 16세는 그것이 '가장 중요한 공의회 문헌들 중 하나'라고 말했다.

---

6 *Ma vie*, op. cit.

제2차 바티칸 공의회의 적극적인 제안들

1950년대 교회가 거만하고, 콧대 세고, 성직자주의적이며 중앙집권적이라 여기던 소장파 (고위) 성직자들이 얼마나 많았던가! 세인世人들 위에 군림하여 그들의 존경과 순명을 기대하고, 기능적으로는 시대에 뒤지면서 확실성 측면에서는 경직된 '로마 체제'를 개혁해야 한다는 평가가 얼마나 빈번했던가! 라칭거는 공의회 개혁의 '전위병'으로서 개혁주의 추기경들을 3년 동안 보좌했다. 공의회는 교회로 하여금 교조주의적 너울을 벗어던지고 새로운 사고에 눈떠 시대의 문제들과 대면하도록 만들어야 했다. 그리하도록 자신의 펜으로 끊임없이 투쟁한 신학자 중 하나가 라칭거였다.

보르고 피오Borgo Pio 거리 카페에서도 토론은 뜨겁게 이어졌다. 라칭거는 각 항목은 물론 각주와 문장부호 하나를 두고도 치열한 갑론을박을 벌였다. 문건들을 수도 없이 읽고 수정하는 흥분을 얼마나 많이 맛보았던가! 마지막 두 회기 사이에 공의회 핵심 인물들은 로마뿐 아니라 카스텔 간돌포Castel Gandolfo 인근 아리치아Ariccia 수도원에 이르기까지, 장소를 불문하고 줄기차게 모여 앉아 잠정적 의안을 교환하고, 첨삭 내용을 논의하고, 새로운 초안들을 공들여 작성했다. 이 모든 작업은 음해 세력의 방해 공작을 피해 라틴어로 이루어졌다.

라칭거는 1963년 11월 8일에 열린 유명한 회의에서 프링스 추기경을 보필했다. 그 회의에서 프링스 추기경은 처음으로 성무성성의 방식에 공식적으로 이의를 제기했다. "많은 점에서 그 방식은 우리 시대에 맞지 않고, 교회에 해악을 끼치며, 많은 이에게 나쁜 표양이 된다"고 그가 말하자 회의장은 갈채로 떠나갈 듯했다. 그날 저녁 교황 바오로 6세는 프링스 추기경에게 성무성성 개혁안을 요구했다. 프링스 추기경은 이 작업을 라칭거에게 맡겼다. 라칭거는 훗날 자신이 그 골치 아픈 기구의 수장이 될 줄 꿈엔들 알았을까.

라칭거는 많은 다른 주제에도 손을 댔다. 1965년 4월, 그는 유대인과 관련한 교회의 입장에 대한 지루하고 힘든 토론에 관심을 가졌다. 전쟁이 끝난 지 20년이 되었지만, 독일 주교단은 이 주제에 대해서만큼은 매우 민감했다. 논의는 1965년 10월 15일에 공포된 '비그리스도교와 교회의 관계에 대한 선언'「우리 시대」*Nostra Aetate*로 귀결되었다.[7] 그리스도인과 유대인의 화해를 위한 역사적 과정의 첫 단계였다. 교회의 선교 활동에 관한 가을 분과위원회 토론에서 그는 '교회의 선교 활동에 관한 교령'「만민에게」*Ad Gentes*를 작성하여, 복음 선포의 임무를 평신도와 지역 공동체에까지 확대하는 데 기여했다(당시에는 주교단이 선교 활동 감독 기능을 장악했다). 그 교령은 1965년 12월 7일 만장일치로 채택되었다.

---

7 이브 콩가르(Yves Congar)는 『공의회 일기』(*Journal du concile*)에서, 예수의 죽음에 대한 유대인의 책임과 관련하여 바오로 6세가 그 "불운한 선언"을 공포했을 때, 그의 젊은 동료 라칭거는 우려를 금치 못했다고 전한다. 유대인에 대한 가톨릭 신자들의 시각 변화에 흥분한 아랍 국가와 공동체는 신랄하고 호전적인 반응을 보였다. 바오로 6세의 실수였다.

교회의 위상과 역할은 제2차 바티칸 공의회의 주요 관심사였다. 공의회 교부들은 성찰의 방향을 교회의 내적 기능ad intra뿐 아니라 외부 세계ad extra에까지 확대했다. 그 중요한 토론에 라칭거와 그의 교구장이 빠질 리 없었다. 교회는 조직 및 성직자와 더불어 반론의 여지 없는 방식으로 하느님의 법을 전파·실행할 책임을 진, 세상과 별개로 존재하는 기관인가? 아니면 교회는 본질적으로 인간적이며 진보하는 역사의 실재 속에 존재하는 성직자와 평신도들의 공동체인가? 이런 질문이 「의안 13」*Schéma XIII*을 탄생시켰고, 제2차 바티칸 공의회 주요 문헌인 '현대 세계의 교회에 관한 사목 헌장' 「기쁨과 희망」*Gaudium et Spes*으로 귀결되었다. 카롤 보이티야 주교는 이 토론에 매우 적극적이었던 반면, 전문위원 라칭거는 '교회에 관한 교의 헌장' 「인류의 빛」*Lumen Gentium*과 같은 다른 문건에 더 전념했다.[8] 이로 미루어, 당시 두 사람은 별로 마주칠 일이 없었을 것이다. 보이티야 주교는 종교의 자유라는 주제에 열중하여, 라칭거가 전념한 전례 개혁 토론에는 그리 집착하지 않았다.

전례 개혁의 쟁점

제2차 바티칸 공의회 초기 전례 쇄신에 관한 성찰은, 시대에 뒤진 예법들의 수정, 미사 전례에 자국어 도입 등, 기

---

8 *Histoire du concile*, op. cit.

술적인 문제에 치중했음이 분명하다. 그런 쇄신은 곧 중요한 문제로 대두되었다. '하느님 백성'의 능동적 미사 전례 참여라는 사고 배후에, 덜 제도적이고 덜 거만한 교회라는 또 다른 개념이 머지않아 윤곽을 드러냈다. 이는 특히 프랑스와 독일 개혁자들의 주요 관심사와 일치하는 것이었다.

요제프 라칭거는 항상 그 주제에 마음이 끌렸다. 어릴 때 그는 '쇼트'Schott에 열광했는데, 그것은 안셀름 쇼트Anselm Schott라는 한 베네딕도 수도회 회원이 제1차 세계대전 전에 번역한 독일어 『미사 경본』이었다. 라칭거의 부모는 자녀들에게 그 『미사 경본』을 주었다. 어린 요제프는 '수세기에 걸쳐 발전된 본문과 동작으로 구성된 그 신비로운 짜임새' 속에 푹 젖어들곤 했는데, 그것은 '모든 개인과 모든 세대를 뛰어넘는 무궁무진한 실재'와 같은 것이었다. 이러한 '가톨릭 전례의 무궁무진한 실재'의 영향으로 훗날 라칭거 추기경은 공의회 이후 『미사 경본』이 출간되자 "권위자도, 위인도, 그 누구도 이를 예상하지 못했다"[9]고 평했다.

로마노 과르디니, 그리고 양차 대전 사이의 독일 신학자들은 전례 쇄신을 권장했다. 라칭거는 전례 쇄신의 계승자이며 제2차 바티칸 공의회가 그러한 쇄신을 고려하도록 만든 장본인이었다. 그래서 그는 그 주제에 관한 한 보수주의자라는 의심을 받지 않았다. 그때까지만 해도 그는 전례 개

---

9 *Ma vie*, op. cit. 참조: *L'Esprit de la liturgie*, Ad Solem 2001.

혁이 가톨릭 세계 내부에서 수많은 동요와 분쟁과 무질서를 초래할 것이라고 예상하지 못했다. 더욱이 그는 그 주제에 관한 공의회 토론이 "심각한 갈등 없이 평온했다"고 증언했다. 따라서 1963년 12월 4일 투표에 붙여진 '거룩한 전례에 관한 헌장'「거룩한 공의회」*Sacrosanctum Concilium*가 일종의 '혁명'은 결코 아니었다는 것이다. 하지만 미래의 교황은 1965년 3월, 특히 프랑스에서 그 개혁이 발효된 후, 전례 논쟁의 총체적 일탈에 대해 경악을 금치 못했다. 이렇게 두드러진 일탈은 머지않아 개혁자들의 의도에 누를 끼쳤다. 애당초 개혁자들은 로마 교황청의 저항에 맞서 시대에 뒤진 형식으로부터 전통과 성스러움을 되찾으려 했다. 그러나 전례력, 미사 전례, 성사 예식과 교회 축일의 급진적이고 지각없는 세속화로 인해 오히려 맹공을 받게 되었다. 훗날 라칭거는 공의회 교부들이 스스로조차 감당할 수 없는 사태를 유발하는 역할을 담당한 것은 아니었는지 자문하게 된다.

요제프 라칭거에게 1960년대 초는 광영의 절정기였다. 전 분야에 걸쳐 개방의 물결이 넘실거렸다. 다양한 사조思潮, 다양한 문화, 동시대에 대한 이해, 다른 세계에 대한 문호가 활짝 열렸다. 로마에서 라칭거는 공의회장의 넓은 복도에서 부단히 시야를 넓혔고, 인간관계를 다졌으며, 지식을 확장했다. 교황청의 핵심 추기경들, 유력한 고위 성직자들, 혁신적 신학자들과의 두터운 교분은 고향 바이에른에서 갓 도착한 젊은 독일 신부에게 이례적인 행운이었다. 젊은 주교 카롤 보이티야의 경우도 그러했다. 라칭거와 같은 경험을 쌓았고 같은 추기경들과 가깝게 지냈다. 제2차 바티칸 공의회는 전쟁 직후에 서품된 그 세대 성직자 모두에게 믿어지지 않을 만큼 특별한 가르침의 장이었다. 제2차 바티칸 공의회가 없었다면 카롤 보이티야도 요제프 라칭거도, 훗날 그들이 누린 삶의 여정을 겪지 못했을 것이며, 둘 중 그 누구도 교황이 되지 못했을 것이다.

본에서도 라칭거는 도미니코회 · 구속주회 · 프란치스코회 회원 등, 다양한 사상가 그룹이나 학파들과 교류했다. 본 대학교는 쾰른, 액스라샤펠Aix-la-Chapelle,[1] 코블렌츠Koblenz, 뒤셀도르프Düsseldorf에서 그리 멀지 않았다. 그는 밤마다 라인 강을 거슬러 항해하는 뱃고동 소리를 들었다. 제2차 바티칸 공의회에 적극적으로 참여한 덕분으로 라칭거는 훌륭한 동료를 만날 수 있었고, 개혁주의적 입장 표명은 학생들에게 후광 효과를 자아냈다. 그가 사귄 친구들 중에는 역사가이자 트렌토 공의회 전문가인 후베르트 예딘, 프란치스코회 회원이자 탁월한 보나벤투라 전문가인 소프로니우스 클라젠Sophronius Clasen, 열정적 기질의 루터교 신자이자 인도학자인 폴 헤커Paul Hacker 등도 있었다.

루터교 신자가 많았던 본에서는 교회일치운동이 가톨릭과 프로테스탄트의 화해 형태를 띠고 자연스럽게 이루어지고 있었다. 하지만 동방교회 신자는 드물었다. 라칭거는 자기 제자들 가운데 그리스 정교회 신부의 아들인 다마스키노스 파판드레우Damaskinos Papandreou라는 젊은 신학자가 별로

---

1 오늘날 독일의 아헨. 쾰른 남서쪽 네덜란드 · 벨기에와의 접경 지대에 있다. 샤를마뉴 대제 때부터 프랑크 왕국의 수도로 번창했으며, 이후 많은 정치적 · 종교적 사건이 그 도시를 중심으로 이루어졌다 — 역자 주.

알려지지 않은 교회일치운동의 또 다른 측면을 동방교회를 통해 발견하도록 해 줄 것이라고 기대했다. 라칭거는 이 주제에 몰두했으며, 그와 돈독한 인간관계를 유지했다. 오랜 세월이 지난 1998년, 제네바에서 열린 한 파티 석상에서 그는 그때가 '인생의 전환점'이었다고 술회했다. 그 파티는 바로, 이제는 스위스 동방교회의 대주교가 된 옛 제자 다마스키노스의 60세 생일 축하연이었다. 그 감격적인 저녁에 라칭거는, 이 성실한 제자가 예전에 선물한 십자가를 늘 목에 걸고 있으며, 그 십자가는 그를 "육체적으로 동방교회와 친밀하게 해 준다"고 털어놓았다.

그의 새 친구들 중 또 한 사람은 그보다 훨씬 연상인 뮌스터 대학의 신학자 헤르만 폴크Hermann Volk였다. 제2차 바티칸 공의회 초기에 마인츠Mainz 주교로 임명된 폴크는 그의 젊은 동료 라칭거에게 자신의 교의신학 교수좌를 승계할 것을 제의했다. 약간의 망설임 끝에 이를 수락한 라칭거는 1963년 여름 학기부터 뮌스터 대학에서 강의를 시작했다. 그래도 그는 "그에게 지적 즐거움과 활기를 일깨워 준 강변 도시 본에 대한 향수"[2]를 오랫동안 간직했다. 제자들 중 조셉 도레Joseph Doré라는 프랑스 유학생은 훗날 스트라스부르Strasbourg 대주교가 된다. 그는 라칭거의 강의를 감격스럽게 회상한다. "그는 명석하고 눈부셨다! 인품은 훌륭했으며, 언

---

[2] *Ma vie*, op. cit.

어는 고급스러웠고, 사고는 세련되었으며, 주장은 정확했다. 섬세한 사고뿐 아니라 세련된 표현 때문에 우리는 그를 '멜리플루우스'Melifluus(라틴어로 '벌꿀이 흐르듯이'라는 뜻) 박사라고 부르곤 했다."[3]

어머니 마리아가 선종하고, 형 게오르크가 다뉴브 강변의 레겐스부르크 주교좌성당 성가대 지휘자로 임명된 것도 바로 그 무렵이었다. 옛 제국의 고도古都는 북부 바이에른 지방의 주도州都가 되었다. 그 후 30년 동안 게오르크는 세계적인 소년 합창단 '레겐스부르거 돔슈파첸'Regensburger Domspatzen: '레겐스부르크 주교좌성당의 작은 참새들'이라는 뜻)을 지휘하게 되었다. 음악이 생활의 일부였던 라칭거는 휴가(공의회 기간 중에도 틈만 나면)를 형네 집에서 보냈다. 그는 여전히 모차르트를 좋아했다.

환멸을 느끼다

1966년 여름에 새로운 변화가 있었다. 가장 절친한 동료 한스 큉 교수가 자신이 6년 전부터 신학을 강의하고 있던 바덴 뷔르템베르크Baden-Würtemberg 주 튀빙겐의 에버하르트 칼Eberhard Karl 대학으로 그를 초빙했다. 둘은 1957년 인스부르크에서 열린 국제 교의신학 학회에서 알게 된 사이다. 한스 큉이 프로테스탄트 신학자 칼 바르트Karl Barth의 저작에

---

3 Mgr Joseph Doré, *La Grâce de vivre (entretiens avec Michel Kubler et Charles Ehlinger)*, Bayard 2005.

관한 두 번째 박사 학위논문 발표를 막 끝냈을 때였다.[4] 라칭거는 한 살 위인 한스 큉의 '열린 태도와 솔직함'에 매료되었다. 1963년 10월, 성무성성이 한스 큉의 저서 『공의회, 교회의 시련』에 대해 금서 조치를 취하고, 제2차 바티칸 공의회 제2회기 직전에 로마의 서점에서 갑자기 수거되었을 때, 라칭거는 충격을 받았다. 그들 사이의 대화, 특히 공의회 주제에 관한 대화를 뜨겁게 달군 대립이 어떤 것이었든 간에, 두 사람의 우의는 깊고 돈독했다. 한스 큉은, "우리는 많이 달랐습니다. 하지만 친구가 자기의 분신 같아야 할 필요는 결코 없지요. 그렇지 않은가요?"[5]라고 말했다. 동료들 앞에서 라칭거 관련 문건들을 옹호했던 친구 '한스'가 없었다면, 라칭거는 튀빙겐에서 정교수직을 얻지 못했을 것이다. 그들의 우정은 '대결'을 즐기는 개방적이고 역동적인 대학 사회에서 싹텄다. 훗날 이 우정 어린 대결이 오히려 둘 관계의 단절을 재촉하게 되었다는 것은 하나의 역설이다.

라칭거는 1966년 7월에 이미 한스 큉의 급진적 주장과 공공연히 결별했다. 그해 여름 라칭거는 튀빙겐에 여장을 풀자마자, 밤베르크Bamberg에서 열린 독일 교회 제81차 '가톨릭 주간'Katholikentag 행사에서 '공의회 이후의 가톨릭교회'에

---

4 한스 큉의 박사 학위논문은 「의화(義化) ― 칼 바르트의 교의와 가톨릭적 성찰」이다. 칼 바르트(1886~1968)는 스위스의 목사이자 신학자로 전쟁 전에 뮌스터 대학과 본 대학에서 강의했다. 그는 반유대주의, 나치즘, 공산주의에 반대했다.

5 2005년 10월 13일 *Le Point*지와 가진 인터뷰.

대해 강연했다. 공의회 쇄신에 그토록 열정적으로 헌신한 젊은 개혁신학자의 강연을 듣기 위해 청중들이 운집했다. 그런데 갑자기 라칭거가 '불안', '환멸', '실망'[6]을 토로하는 것이었다. 분명히 그는 미화된 중세적 과거에 집착하는 '시대에 뒤진 사람들'과 거리를 두면서도, 공의회 개혁이 기대에 훨씬 못 미친다고 아쉬워하는 '순진한 근대주의자들'과도 거리를 두는 데 신경을 쓰고 있었다.

그 강연은 40년이 지난 오늘에도 다시 읽어 볼 만하다. 그 강연을 통해 라칭거는, 두 가지 근본 문제에서 공의회 진보파의 정당성을 기탄없이 옹호했다: 하나는 가톨릭교회와 현대 세계의 접근이며, 다른 하나는 교회일치운동의 개막이다. 그러나 라칭거는 전례 쇄신에 관해서는 대단히 신중한 태도를 보였다. 확실히 그는 전례의 본질적 의미를 가려 버리는 데까지 나아간 모든 낡은 예식들을 기꺼이 제거하려 했다. 하지만 '새로운 의례주의'도 조심해야 했다. 그것 역시 창의적 혁신이라는 미명하에 전례의 참뜻을 왜곡하게 될 것이다! 그가 세속 언어의 도움을 받는 미사 전례를 옹호했음은 확실하다(어차피 라틴어 자체도 어느 시점에서 그리스어가 신자들이 이해할 수 없는 말이 되어 버리자 이를 대체한 것이 아니었던가?). 하지만 예를 들어, 미사에서 「기리에」Kyrie를 노래하는 것을 금지하려는 현대판 '성상파괴주의'로 귀결되지 않는다는 조건에

---

6 *La Documentation catholique*, n° 1478, 1966.

서였다! 전례의 간결함에 대한 보편적 갈망은 정당하나, 간
결함에 대한 요구가 정당하다손 치더라도 전례가 아름다워
야 한다는 사실을 망각하면 안 된다는 조건에서였다! 강연
말미에서 그는, 공의회 이후의 교회에 대해 '좀 더 낙관적이
고, 좀 더 유쾌하며, 좀 더 빛나는 청사진'을 제시하지 않은
데 대해 양해를 구했다.

모든 것이 엉뚱한 방향으로

당시 요제프 라칭거는 '공의회 교부들이 원한 것'과 '그 뒤
집단의식에 영향을 준 것' 사이에 골이 더 깊어졌음을 사실
상 인정했다. 그는 30년 후 다른 저서에서 이렇게 설명했다:
요한 23세가 원한 '교회 현대화 운동'aggiornamento은, 더 많은
힘을 가진 가톨릭 신앙을 제시하는 것을 목표로 했다. 그런
데 이 과정은 일반적으로 교회가 '양보하는' 방식으로, 또 신
앙의 약화로 이해되고 말았다. 라칭거 말대로, 공의회에서
권장된 개혁들이 "더욱 편안한 역사를 만드는 것"을 겨냥한
것처럼 보이기 무섭게 "모든 것이 엉뚱한 방향으로 진행되
었다".[7] 그리 놀랄 일은 아니다.

몇 년의 혼란기를 거치면서 제2차 바티칸 공의회의 주역
(주교, 고위 성직자, 전문가)들이 교회를 외부 세계와 성급하게 대
면시키는 '판도라의 상자'를 연 것은 아닌지 자문했다. 더 리

---

7 *Le Sel de la terre*, op. cit.

는 그런 확신을 가지고 교회 당국에 노골적으로 이의를 제기하거나 이탈을 무릅쓰고라도 공의회 개혁의 실천을 저지하려고 했다. 회의적 관찰자들이 보기에는, 교회가 세상을 향해 나아가기 위해 엄청난 노력을 하고 있지만, 그러한 과정이 상호적이지 않았다. 세상도 그만큼 그리스도교 신앙을 돌아보고 있는가?

그러한 토론은 주창자들의 범위를 벗어나 통제되지 않는, 극도로 위험한 신학적·정치적 문제들과 뒤범벅되면서 약화되었다. 제2차 바티칸 공의회의 개혁주의자들은 두 진영으로 분리되었다. 한 진영은 급진주의자들로, 그들은 침묵하는 공의회 위원회와 분과위원회의 범위를 넘어 세속 일간지 기사를 통해, 신학대학에서, 심지어 각 본당에서 지적 토론을 계속했다. 다른 진영은 사태의 진전과 함께 추월당한 이전의 혁신 인물들로, 그들은 강단이나 전문 학술지를 통해 제도를 보호하고 균열을 메우며 단절을 완화하는 일에 전념했다. 한스 큉은 전자, 요제프 라칭거는 후자에 속했다.

혁명은 진행되고

모든 서구 사회(특히 1961년 8월 베를린 장벽 설치라는 극심한 충격에서 이제 막 회복된 서독 사회)의 정치적·문화적 토대가 뿌리째 흔들리기 시작한 것은 바로 그 무렵이었다. 미국 서부의 캠퍼스에서 '늙은' 유럽의 유서 깊은 대학에 이르기까지 강력한 발언권을 획득한 전후 베이비 붐 세대는 기성세대를 인정하지 않았고 새롭고 다소 과격한 '교의'의 이름으로 기존 질서를 비판했다. 실존주의, 마르크스주의, 구조주의, 극좌파, 상황주의 등이 대학 강단을 잠식했는데, 전통적으로 지적 논쟁이 장려되던 튀빙겐의 상황도 다르지 않았다.

라칭거는 이 새로운 논쟁에 참여했다. 그는 최적의 위치에 있었다. 적어도 초기에는 거리낌이 없었다. 그의 옛 제자는 라칭거가 "명석하고 통찰력 있는 탁월한 교육자였으며, 복잡한 문제를 간단하게 설명하는 재능이 있어서 그의 강의는 학생들에게 매우 인기가 있었다"[8]고 회고한다. 가톨릭 신학부 설립 150주년을 축하하는 성대한 자리에서, 그는 현대 신학에서 루돌프 불트만과 에른스트 케제만[9] 같은 실존주의 신학자의 압박이 가중되고 있음을 보았다. 그는 그리스도론 강의를 통해 실존주의 신학을 논박하는 뛰어난 학문적 주장을 펼치기도 했다. 그 무렵, 10년을 온전히 바친 기념비적 저서 『그리스도교 입문』[10]의 집필을 마무리했다. 그가 보기에, 주변 논의들이 진행되고 있지만 초점은 지적 차원에 속

---

8 Mgr Stanislas Lalanne, 필자와의 대담.

9 프로테스탄트 성서학자이자 신학자인 루돌프 불트만(Rudolf Bultmann, 1884~1976)은 저서 『비(非)신화화 선언』(*Manifeste de la démythologisation*, 1941)으로 프랑스에서 일약 유명세를 탔다. 불트만의 제자 에른스트 케제만(Ernst Käsemann, 1906~1998)은 프로테스탄트 신학자로, 복음서를 '실존주의적'으로 해석했다.

10 *Einführung in das Christentum*, München: Kösel-Verlag 1968. 프랑스어판은 1969년 세르프(Cerf) 출판사에서 *La Foi chrétienne hier et aujourd'hui*라는 제목으로, 한국어판은 1974/2007년 분도출판사에서 『그리스도 신앙, 어제와 오늘』(장익 옮김)이라는 제목으로 출간되었다.

한 것이었다. 그는 훨씬 강력한 파도가 전통 신학, 공의회의 쇄신, 교회에 관한 논의, 신앙의 기초와 심지어 종교 자체에 이르기까지, 모든 것을 휩쓸어 갈 것임을 깨닫지 못했다.

그의 『회고록』을 보면 그가 당시 사건에서 상당히 언짢은 경험을 했음을 알게 된다. 그에 따르면 "실존주의 도식은 사실 하룻밤 사이에 무너졌고" "전 대학에 만연한 마르크스주의 혁명"이 그 자리를 차지하게 되었다. 그가 소속한 신학부도 예외가 아니었다. 그는 "몇 년 전부터 신학부가 마르크스주의를 방어하는 방패로 이용될 것이라 기대했지만, 상황은 정반대였다"라고 쓰고 있다. 그 젊은 교수를 화나게 한 것은, 그리스도교 신앙을 이용(신학부에서 반드시 거쳐야 할 과정)하면 '전제적이고, 폭력적이며, 잔혹한' 이데올로기들이 더 잘 인정된다는 점이었다. 신앙을 준거로 삼는다는 것은 '거짓말'이었다. 그는 그러한 상황을 참을 수 없었다.

어느 날 튀빙겐에서 전임강사들과 다른 '비정규 교수들'의 대표단이 그의 강의를 강제로 중단시키고 그의 발언을 막았다. 라칭거에게는 충격적인 사건이었다. 그는 관대하고 정중하게 그들을 배려했다. 하지만 신앙도 법도 모르는 투사들은 혁명과 파괴의 지적 프로그램이라는 명분을 좇아 그를 물리적으로 내쫓았다. 그는 이렇게 증언한다. "나는 이 무신론적 열정에 사로잡힌 흉한 얼굴, 심리적 불안, 모든 도덕적 성찰을 부르주아의 썩은 냄새라고 내던져 버리는 열등의식, 이런 것들이 베일을 벗는 장면을 목도했다."[11]

먼 훗날 한스 큉은 이렇게 전한다. "우리는 강의와 상관 없는 반체제 학생들이 강의실에 난입하여 연좌 농성을 벌이 는 바람에 방해를 받았다. 나도 이 상황이 매우 불쾌했지만, 라칭거에게 그것은 지속적인 충격이었다. 그런 경험 때문에 그는 해방신학을 비롯하여 '아래로부터' 나오는 모든 것에 대해 한평생 뿌리 깊은 거부감을 가지게 되었다."[12]

레겐스부르크로 도피

거의 3년 동안 요제프 라칭거는 가르치고 저술하는 일에 총력을 기울이면서 자기 역할에 충실하고 상황에 대처했으 며, 생명력을 불어넣었다. 그는 그런 사건들을 회피하지 않 았을 뿐 아니라, 가톨릭 신학부 학장으로서, 아카데미 지도 부 구성원으로서, 대학 헌장 개정위원회 위원으로서 늘 사 건들과 함께했다. 그러나 선동 행위를 용인하지는 않았다. 한번은 일단의 교직자들이 교의신학 교수 후베르트 할프팔 스Hubert Halbfals를 지지하는 연대 발의서에 서명했는데, 그 는 이를 학장 자격으로 맹렬히 반대했다. 할프팔스 교수는 튀빙겐 로텐부르크Rottenburg의 주교에게도 비판받은 인물이 다. 또 그는 신학부 교목 신부를 직접 선거로 뽑자는 가톨릭 학생회의 주장을 일축했다. 그는 파도처럼 밀려드는 이데올

---

11 *Ma vie*, op. cit.

12 Hans Küng, *Erkämpfte Freihiet – Erinnerungen*, München - Zürich: Piper 2002.

로기에 맞서 저항했다. 프로테스탄트 동료 울리히 비케르트 Ulrich Wickert와 볼프강 바이어하우스Wolfgang Beyerhaus도 그 저항에 가세했다. 하느님에 대한 믿음을 수호하는 것이 관건일진대 종파의 차이가 무슨 문제인가!

라칭거는 1968년의 사건들이 지닌 무질서하고 무정부주의적인 성향에만 타격을 받은 것이 아니었다. 그는 그 사건들에서 가톨릭에 대한 진정한 위협을 실감했다. 가톨릭을 보호해야 할 사람들이 오히려 가톨릭을 짓밟고 있었기 때문이다. 그는 프로테스탄트 신학부 학생들이 발행한 전단을 잊을 수 없었다. 그 전단은 그리스도의 십자가가 '고통에 대한 사도마조히즘sadomasochism적 찬양'이며, 복음서는 '대중을 속이는 하나의 집단적 기만 수단'이라고 설명하고 있었다. '총회'에 모인 학생들에게 그런 신성모독적 언행을 삼가라고 엄중 경고한 그의 친구 비케르트는 큰 야유를 받았다. 미래의 교황은 그 프로테스탄트 동료의 외침을 오랫동안 기억 속에서 지우지 못했다. 그 와중에서 비케르트는 절규했다: "우리 가운데서 '예수고 뭐고 지옥에나 떨어져라'는 외침을 이제 더는 안 듣고 싶다!"

논쟁은 악몽으로 바뀌었다. 1969년, 기진맥진한 라칭거는 결국 레겐스부르크 대학 교의신학 정교수직을 수락했다. 레겐스부르크는 (모든 것이 상대적이겠지만) '68 혁명'의 영향을 비교적 덜 받은 도시였다. 형 게오르크와 누나 마리아가 다뉴브 강 인근 펜틀링Pentling 구역의 한 조용한 주택에서 그를 따뜻이 맞이했다. 적어도 그곳에서는 마르크스주의 선동가들이 존경받지 않았고, 하느님은 '지배계급의 발명품'이 아니었으며, 모차르트도 '자본의 권력에 매수된 부르주아 예술가'가 아니었다.

라칭거가 새로운 『미사 경본』을 검토한 것은 1970년 4월 레겐스부르크에서였다. 그 『미사 경본』은 공의회가 요구한 전면적 전례 개정의 산물로, 성주간 며칠 전에 바티칸에 의하여 공포되었다. 라칭거는 이 새로운 『미사 경본』이 전통 전례를 제2차 바티칸 공의회의 결정 혹은 실험과 부드럽게 조화시킬 줄 알았는데, 출간 6개월 후부터 옛 『미사 경본』의 '대체용'으로 준비되었다는 사실을 확인하고 망연자실했다. 교회사를 통틀어, 하나의 『미사 경본』을 또 다른 『미사 경본』과 그처럼 대립시킨 경우는 결코 없었다. 심지어 트렌토 공의회 이후 교황 비오 5세의 『로마 미사 경본』*Missale Roma-num* 처럼 완전히 새로운 종합판도 클레멘스 8세, 우르바노 8세, 레오 13세 교황 치하에서 세 차례나 개정되었으며, 전체 교회의 전례를 통일할 목적으로 기존 예식들을 조화롭게 엮은 것이었다.[13] 하지만 '단절'이라는 이 '비극적' 결과에 라칭거는 격분했다. 석학과 법학자들의 작업은 과거를 백지로 만들어 버리는 결과를 초래했다. 이는 전례가 살아 있는 과정이라는 사실을 부정하는 것이었다. 그는 "교회의 위기가

---

13 로마 시의 『미사 경본』은 정확한 표준이 되었다. 『로마 미사 경본』이라는 이름도 그래서 붙여졌다.

대개 전례의 해체에 달려 있음"을 확신한 후부터 그러한 개혁에 대한 지나친 강경 발언을 오히려 삼갔다.

『콘칠리움』에서 『콤무니오』까지

공의회에서 쇄신을 주장한 신학자들이 지적·정치적 소용돌이 속의 지난 몇 년을 체험하는 방식은 제각각이었다. 제2차 바티칸 공의회 기간 중인 1964년 가을, 그들은 학술지 『콘칠리움』*Concilium*을 공동 창간했다. 1965년 1월 창간호에는 칼 라너와 에드바르트 스힐레벡스의 창간사를 실었다. 라칭거는 「주교단성主敎團性(collegialitas episcoporum) 교리의 사목적 영향」이라는 논문을 발표했다. 초기 몇 호에는 한스 큉, 장밥티스트 메츠Jean-Baptiste Metz, 모리스 네동셀Maurice Nédoncelle, 한스 우르스 폰 발타사르, 고트프리트 다넬즈Godfried Danneels, 발터 카스퍼Walter Kasper, 르네 로랑탱René Laurentin, 르네 레몽René Rémond 등의 논문이 눈길을 끈다.

교황 바오로 6세가 그 학술지의 창간을 지원했다. 교황은 추기경 시절부터 공의회 토론에 동참했기 때문에 사람들을 잘 알고 있었다. 그는 당시 전방위적으로 전개되던 신학 토론의 물꼬가 학술지를 통해 조정되기를 원했다. 1969년 4월 교황은 교황청 국제 신학위원회를 창설했는데, 거기에는 『콘칠리움』의 지도적 신학자들(칼 라너와 요제프 라칭거를 포함하여)이 포함되어 있었다. 그들은 제2차 바티칸 공의회 말기에 '신앙교리성'으로 바뀌긴 했지만 늘 보수주의의 보루로 여겨지던 성무성성에 맞서 균형을 유지할 수 있다는 사실에 만족했다. 한편 교황 바오로 6세에게는 다소 과격한 그 신학자들의 연구와 제안을 주시하는 수단이 되었다.

제2차 바티칸 공의회 이후의 일탈과 '68 혁명'에 따른 변화는 당대 신학자들의 분열을 초래했다. 라너를 비롯한 일부 신학자들은 점차 정치색을 띠어 가는 급진 사상에 이끌려 위원회를 떠났다. 남은 신학자들은 위원회를 공의회의 목표로 수렴하는 데 기여했다. 라칭거도 그중 하나였다. 그는 앙리 드 뤼박, 호르헤 메디나Jorge Medina, 마리조세프 드 기유Marie-Joseph de Guillou, 루이 부이예Louis Bouyer, 이브 콩가르 등과 의기투합했다. 특히 한스 우르스 폰 발타사르와는 절친한 친구가 되었으며, 그를 '훌륭한 통찰력'을 지닌 인물로 극찬했다. 당시 발타사르는 이탈리아뿐 아니라 세계 각지에서 각광받은 '친교와 해방Communio e Liberatio 운동'의 창시자 루이지 주사니Luigi Giussani와 교분을 맺고 있었다.

1972년에 새로운 국제 신학 학술지를 창간할 아이디어를 낸 것도 바로 그들이었다. 그 학술지는 문화 관련 문제에 많은 지면을 할애했으며, 자신을 "새롭고 진정한 교회로 여긴다거나 그리스도교 진리를 독점한 제2의 권위로 자처하지 않았다".[14] 『콤무니오』*Communio*는 1974년부터 16개 언어로 출간되었는데, 불어판의 경우 장 다니엘루, 에릭 오모니에

---

[14] 언론인 비토리오 메소리(Vittorio Messori)와 요제프 라칭거의 '신앙 대담', *Entretien sur la foi*, Fayard, 1985.

Eric Aumônier, 올리비에 클레망Olivier Clément, 장 마리 뤼스티제, 폴 푸파르Paul Poupard 혹은 폴 발라디에Paul Valadier 등이 주된 필진이었다. 독일어판의 경우, 개혁파 칼 레만Karl Lehmann이 편집에 참여했으며, 훗날 독일 주교회의 의장이 되는 요제프 라칭거는 교황으로 선출될 때까지 『콤무니오』의 지칠 줄 모르는 협력자로 활동했다. 그의 초기 논문 중 하나는 친구인 한스 큉의 걸작 『왜 그리스도인인가?』*Die christliche Herausforderung*[15]에 관한 것이었다. 라칭거의 서평은 매우 비판적이었다. 이 굴욕을 큉은 결코 용서하지 않을 터였다.

---

15 프랑스어판은 1978년 쇠이유(Seuil) 출판사에서, 한국어판(정한교 옮김)은 1982년 분도출판사에서 발간되었다.

1976년 7월 24일, 뮌헨 대교구장 율리우스 되프너 추기경의
선종 소식이 바이에른 전역에 퍼졌다. 예기치 못한 소식에
신자들은 몹시 놀랐다. 추기경의 나이 겨우 예순셋이었다.
1948년 서른다섯 나이에 교황 비오 12세에게 주교 서품을
받은 그는, 히틀러가 남긴 상흔을 딛고 독일 교회의 르네상
스를 구현했다. 1961년 교황 요한 23세는 그를 뮌헨 대교구
장에 임명했다. 1965년 순번에 따라 독일 주교회의 의장이
되기 전까지 그는 쾰른 대교구장 프링스 추기경과 더불어
제2차 바티칸 공의회의 핵심 지도자들 중 한 사람이었다. 당
시 독일 교회는 공의회 이후의 각종 논쟁들로 갈피를 못 잡
고 있었다. 되프너 추기경은 탁월한 균형 감각으로 독일 교
회의 통일성을 유지해야 했다. 교황청은 물론 교황 개인에

대한 반대도 있었다. 1966년 교황 바오로 6세가 고위급 위원회를 설립하여 피임避妊에 대한 입장을 정리하려 했을 때, 되프너 추기경은 전혀 예정에 없던 방향으로 작업을 진행시켰다. 오타비아니 추기경이나 보이티야 추기경의 입장과는 반대로, 그는 위원회가 다수결로 피임에 대한 교회의 개방적 태도를 지지하는 입장을 표명하는 데 기여했던 것이다. 평결에서 위원회는 "피임은 본질적으로 비난받을 일은 아니다"라고 명시했다! 1968년 7월 25일 교황 바오로 6세는 충분한 숙고 없이 피임 방법을 단죄하는 회칙 「인간 생명」 *Humanae vitae*을 발표했다고 한다. 독일 가톨릭 신자들은 충격을 받았다. 일부 신자들은 '교황 사임'까지 요구했다!

예기치 못한 대립 상황 속에서 율리우스 되프너처럼 유능한 후임자를 발견하기가 쉽지 않았다. 프라이징의 주교관 로비에서 몇몇 인사들의 이름이 입에 오르내리기 시작했다. 당연히 요제프 라칭거도 포함되었는데, 그의 명성은 진작에 레겐스부르크 대학 담장을 넘어서 있었다.

미더운 후보자

요제프 라칭거는 49세였다. 그는 소속 단과대학 학장이자 대학교 부총장으로 레겐스부르크에서 행복한 나날을 보내고 있었다. 활동은 그 어느 때보다 왕성했다. 베르크슈트라세Bergstrasse 6번지에 새 집도 마련했다. 강의와 학위논문 지도, 연구와 논문 발표에 행복을 느꼈다. 그는 신학 분야에서 지적 완숙의 경지에 이르렀고, '교회에 유용한 것을 독창적으로, 새롭게 거론'할 수 있게 되었음을 자각하고 있었다. 되프너 추기경의 승계와 관련하여 자기 이름이 회자되고 있다는 소문이 들리자, 그는 몸도 약하고 '경영과 행정에도 미숙'한데 그럴 리가 없다고 생각했다.

그러나 교황 바오로 6세는 그를 선택했다. 그들은 1962년 공의회 초기에 서로 마주친 적이 있었다. 교황은 당시 몬티니 추기경이었다. 14년이 흘렀다. 라칭거는 더 이상 제2차 바티칸 공의회의 개혁적인 젊은 '전문가'가 아니었다. 고인이 된 되프너 추기경도 궁극적으로는 그에게서 '약간은 보수적인' 모습을 보았다. 바오로 6세는 공의회 이후의 과격 성향에 대해 열렬히 비판해 온 그 탁월한 신학자의 경력을 줄곧 호의적으로 지켜보았다. 바오로 6세는 특히 반항적인 독일어권 국가들(독일, 네덜란드, 스위스)의 주교단 가운데 자신이 믿을 만한 사람이 필요했다.

독일 주재 교황대사 귀도 델 메스트리Guido Del Mestri 주교가 1977년 3월 25일 레겐스부르크를 방문했을 때 라칭거는 깜짝 놀랐다. 그는 자신의 고해신부이자 친구인 신학자 알폰스 아우어Alfons Auer에게 바오로 6세가 맡기려는 직무를 고사固辭하고 싶다고 털어놓았다. 아우어는 잘라 말했다. "받아들여!"

그리하여 1977년 5월 28일, 햇살 밝은 성령강림대축일 전날 요제프 라칭거 교수는 아름다운 뮌헨 주교좌성당에서 주교로 서품되었다. 뷔르츠부르크Würzburg의 요제프 스탄글 Josef Stangl 주교가 서품식을 주례했다. 이날 라칭거는 '특별한 순간'을 체험했다. 자신이 새로 받은 명의와 그 직무를 넘어서서 하나의 '성사'를 느꼈던 것이다. 마리아 광장Marien- platz의 유명한 성모 기념탑Mariensäule 앞에서 기도하면서 그는 그 모든 것이 참으로 '실재한다'는 매우 강렬한 느낌을 받았다. 그는 평생 이런 '실재론'을 따랐고, 이는 가톨릭교회의 특징이기도 했다. 라칭거에게 그리스도교 진리는 (받아들일 것이냐 말 것이냐 하는) 결단의 대상이지 토론의 대상이 아니다. 그 진리는 시대에 뒤졌다가도 다시 보완되면서 이성에 따라 자신을 드러내는 하나의 실재다. 모든 신학자와 그리스도인은 그리스도교 진리에 봉사해야 한다. 신임 주교는 요한의 셋째 서간에서 '진리의 협력자들'Cooperatores veritatis이라는 문구를 표어로 골랐다. '진리에 관한 물음이 거의 사라진' 세상에서 이 표어는 하나의 강령이었다.

라칭거 주교는 자신의 주교 문장紋章으로, 왕관을 쓴 무어인 옆에 조개껍질과 곰을 나란히 새겼다. 지난 천 년 동안 주교 문장을 장식한 무어인 상을 존치시킨 것은 전임자들과의 연속성을 꾀하기 위함이었다. 조개껍질은 삶이 순례임을 표상하며, '모래 웅덩이에 조개껍질로 바닷물을 퍼 옮기던 아이'와 아우구스티누스에 얽힌 일화를 연상시키기도 한다. 이때 아우구스티누스는 "머리로 하느님의 신비를 이해하는 일이 모래 웅덩이에 바닷물을 옮겨 담는 것보다 훨씬 더 어렵다"는 깨달음을 얻는다. 문화와 이성에 몰두하는 신학자에게 그런 교훈은 겸손을 일깨우는 매우 적절한 것이었다.

곰은 성 코르비니아누스 주교에 얽힌 전설에 등장한다.[1] 라칭거는 8세기 프라이징 교구 설립자로 추정되는 이 성인에 관해 거듭 이야기했다: 코르비니아누스가 로마로 가는 길에 곰이 나타나 그의 노새를 잡아먹었다. 성인은 곰에게 당한 불쌍한 노새의 무거운 짐을 '영원한 도시'(로마)까지 운반하게 했다. 아우구스티누스는 그 주교가 현세에서 하느님의 것으로 삼았던 보잘것없고 온순한 짐바리 짐승의 이미지를 상세하게 설명했다.

그 곰은 오래 살 것이다. 훗날 교황 베네딕도 16세의 문장에 '붉은 안장에 검은 띠를 맨, 혀와 몸 색깔이 다른 네발짐승의 모습'으로 재현될 것이기 때문이다.

신임 대주교(뮌헨과 프라이징은 1817년부터 단일 대교구로 통합되었다)는 로쿠스슈트라세Rochusstrasse 5번지에 자리를 잡고 성무를 시작하자마자 독일 교회의 내부 분열에 직면했다. 진보주의자와 극단적 보수주의자들 간의 논쟁은 욕설로 변했다. 충돌이 잦았다. 라칭거는 그런 충돌을 피하지 않는 것이 자신의 의무라 여겼다. 그는 "골치 아픈 일들을 회피하고 아무것도 모색하지 않는 주교의 이미지는 불쾌하다"라고 썼다.[2]

---

1 성 코르비니아누스(Corbinianus)는 프랑스 에브리(Evry) 교구의 수호성인이기도 한데, 에브리 교구는 뮌헨–프라이징 교구와 자매결연을 맺고 있었다.

2 *Le Sel de la terre*, op. cit.

자유주의 경향, 교황에 대한 비판, 민중주의적 주장이 경쟁적으로 대두되는 상황에 직면하여 라칭거 대주교는 신학자 입장에서 응답함으로써, 당시 어느 독일 일간지의 보도처럼 "전통과 교리 분야에서 가장 확고한 인식"을 과시했다. 그 일간지는 "가톨릭교회의 모든 보수주의자 가운데 라칭거가 가장 뛰어난 소통 능력을 가지고 있다"[3]라고 높이 평가했다. 그는 교회가 스스로 젖어들 수 있는 위험을 무릅쓰고라도 외부 세계의 풍조·경향·일탈에 맞서 싸워야 한다고 확신했다. 그는 "교회는 시대정신과 절대로 타협해서는 안 된다"고 말했다.

지천명知天命의 추기경

1977년 6월 초, 성무를 시작한 며칠 뒤 뜻밖의 새로운 소식이 신임 대주교를 혼란에 빠뜨렸다. 교황대사 델 메스트리 주교의 전언에 따르면 교황 바오로 6세가 차기 추기경 회의에서 그를 추기경으로 임명하려 한다는 것이었다. 소식 자체야 그리 충격적인 것이 아니었다. 전통적으로 뮌헨–프라이징 대주교좌는 추기경의 몫이었기 때문이다. 파울하버, 벤델Wendel, 되프너 등 전임자가 모두 추기경이었다. 하지만 왜 그렇게 빨리? 요제프 라칭거는 이제 막 주교가 되었고 쉰 살에 불과했다. 교회 제도에 관한 한, 실무 경험도 없었다.

---

3 *Ibid.*

교황이 주재하는 추기경 회의는 1977년 6월 27일 로마에서 열렸다. 네 명의 추기경 서임자 중에는 이탈리아인으로 신임 피렌체 대교구장이 된 조반니 베넬리Giovanni Benelli와 코토누Cotonou⁴의 전임 대주교였던 베냉Benin⁵ 출신의 베르나르댕 강탱Bernardin Gantin도 있었다. 로마의 화려함에 그리 익숙하지 않았던 요제프 라칭거는 추기경 서임식에서 깊은 인상을 받았다. 교황 바오로 6세를 처음으로 깊이 알게 되어 더욱 그랬다. 두 사람은 공의회 이래 가끔 마주쳤지만 깊은 관계를 맺지는 못했다. 30년 후 자신의 뒤를 이을 사람에게 그날 교황이 무슨 말을 했는지 정확하게 아는 사람은 없다. 그러나 그 두 지식인은 분명 똑같이 신중한 언어, 온화한 시선, 상대에 대한 호감을 공유하고 있었을 것이다. 둘 다 갈등을 싫어했고 교회의 미래를 걱정하고 있었다.

바오로 6세는 10여 년 전부터 공의회 이후의 위기를 안타까워했다. 그는 마르셀 르페브르Marcel Lefebvre(1976년 주교 직무 정지 처분을 받았다) 대주교 주위의 극단적 보수 세력들과 각양각색의 진보주의자들 사이에서 이러지도 저러지도 못하고 있었다. 그는 지쳤고 자신의 재위가 얼마 남지 않았다는 것을 감지했다. 그는 이 혼란의 시대에 시련 속에서도 건실히 버틴 지도자들을 교회에 선보이고 싶었다. 탁월한 신학

---

4 베냉 남부 도시로 무역과 공업, 해양수산업의 중심지다 — 역자 주.

5 서부 아프리카 대서양 연안의 국가로 인구의 약 14%가 가톨릭 신자다 — 역자 주.

적 · 언어적 소양을 갖추고 제2차 바티칸 공의회에 적극적으로 참여했으며, 이성적이고 육체적으로도 건강한 젊은 대주교들, 전통과 근대성을 하나로 결합시킬 수 있는 고위 성직자들이 바로 그들이었다. 독일의 라칭거나 폴란드의 보이티야 같은 사람들이 교황을 안심시켜 줄 사람들이었다.

보이티야는 라칭거에 다소 앞서 나갔다. 1964년 크라쿠프 대주교로 임명되고 1967년에 추기경이 된 보이티야는 이미 교황청 여러 기구(경신성사성, 동방교회성, 가톨릭교육성, 평신도 평의회)의 구성원이었으며, 특히 바오로 6세가 설립한 주교 대의원 회의 평의회의 최고참 사무국장이었다. 1977년 가을 교리와 종교교육에 관한 주교 대의원 회의가 열렸을 때, 그는 자신의 직함이 상당한 결정권을 가지는 회의를 주재했는데, 여기에 뮌헨의 신임 대주교도 참가했다. 라칭거에게 그 회의는 당시 '각광받던 스타'였던 크라쿠프의 동료와 친분을 맺을 기회가 되었다. 폴란드인만 아니라면 카롤 보이티야는 '교황에 선출될 자격이 있는 사람'이었을 것이다.

바오로 6세의 승계

1978년 8월 6일 오후 9시 40분, 바오로 6세는 카스텔 간돌포에 있는 자신의 관저에서 81세의 나이로 선종했다. 추기경단 수석 추기경 카를로 콘팔로니에리Carlo Confalonieri는 요제프 라칭거와 카롤 보이티야를 비롯한 모든 추기경(대부분 휴가 중이었다)에게 비보를 전하고, 그들을 즉시 로마로 소집했다. 콘클라베 개막은 8월 25일로 예정되어 있었다. 111명의 추기경이 참석한 추기경 총회는 연일 준비에 여념이 없었다. 바이에른 출신의 라칭거 추기경과 폴란드 출신의 보이티야 추기경은 각각 51세와 58세로, 그중 가장 젊은 층에 속했다. 바이에른 출신의 추기경은 다른 독일 추기경들과 함께 막후에서 비이탈리아인 교황의 선출을 넌지시 지원했다. 폴란드 출신의 추기경은 연로한 빈Wien 대교구장 쾨니히 추기경을 포함한 몇몇 고위 성직자들이 자신의 이름을 거론하고 있는 상황을 모르지 않았다. 그런 비공식 회합들과 그 후 이틀간의 콘클라베가 진행되면서 두 사람은 서로 의기투합했고, 친구가 되었다. 그 두 젊은 추기경은 교회가 직면한 쟁점들에 대한 진단과 분석을 공유했다. 8월 26일 베네치아의 총대주교 알비노 루치아니Albino Luciani가 교황으로 선출되어 요한 바오로 1세라는 이름을 택하자 그 둘은 부담을 덜게 되었다.

이로써 그 둘 사이에는 깊은 관계가 맺어지기 시작했다. 훗날 라칭거는 그 폴란드인 추기경이 자기에게는 "아버지 같은" 존재였음을 스스럼없이 강조하면서 "나는 단번에 그의 호의를 선물로 받았다"고 말하곤 했다.[6] 다른 자리에서 그는 "나는 자연스럽게 그와 좋은 사이가 되었다"고 말하면서, 미래의 교황 요한 바오로 2세의 인격에 마음을 빼앗겼음

6 2005년 10월 16일 요한 바오로 2세의 교황 선출 27주년을 기념하여 베네딕도 16세가 폴란드 텔레비전과 행한 인터뷰에서.

을 고백한다. 라칭거를 감동시킨 것은 무엇보다 신앙심이었
다. "그가 기도하는 모습을 보면서 나는 그가 하느님의 사람
임을 알아차렸을 뿐 아니라 또 그렇게 이해했다." 그 폴란드
인 추기경의 또 어떤 장점들이 그를 감동시켰는가? '그의 솔
직함, 관대함, 진심, 유머, 독창성, 영적 풍요, 대화 감각 …',
그러나 무엇보다 그는 같은 역사의 산물이었다: "그는 고통
을 겪었다. … 그는 독일과 러시아와 공산주의에 점령된 폴
란드의 모든 비극을 견디며 살아왔다. … 그는 자신의 사상
적 노선을 스스로 개척했으며 독일철학에 관심이 있었고,
전 유럽 사상사를 심오하게 통찰하고 있었다."⁷ 라칭거의 눈
에 카롤 보이티야는 무엇보다 먼저 유럽인이었다.

33일 후 신임 교황의 갑작스런 선종은 모든 그리스도인에
게 청천벽력이었다. 비보에 접한 두 사람의 반응은 서로 다
른 이유에서 비롯되었다. 8월의 콘클라베에서 약간의 표를
얻었음을 알고 있는 보이티야에게 그 소식은 어렴풋한 불안
의 전조였다. 다른 추기경들과 마찬가지로 라칭거에게도 그
소식은 하느님의 섭리의 표시였다: '하느님은 우리에게 무슨
말씀을 하시려는가? 하느님은 이 순간 우리에게 무엇을 기
대하시는가? 우리는 루치아니 추기경이 단순히 인간의 방식

---

7 *Le Sel de la terre*, op. cit. 이 책에서 요제프 라칭거는 이렇게 썼다. "나
를 보이티야와 친하게 만든 것은 무엇보다 그의 직선적이고 인간적이며 단
순한 솔직함과 폭넓음, 그리고 그에게서 느껴지는 진심이었다. 사람들은
그에게서 인위적이거나 경박하지 않은 유머 감각과 신앙심을 느꼈다. 바로
그 점에서 그는 하느님의 사람이었다. 그는 꾸밈이 없고 … 매우 개성이 강
했다. 그 이면에는 깊은 사고와 삶의 연륜이 존재한다. …"

이 아니라, 하느님의 의지로 교황에 선출되었다고 확신했다. 그렇다면 그가 하느님의 의지에 따라 선출된 후 한 달만에 선종했다는 것은 하느님께서 우리에게 어떤 다른 말씀을 하시려는 뜻일 게다.' 뮌헨의 대주교는 이 비극적 사건에서 어떤 "혁신의 가능성"[8]을 엿보았던 것이다.

이 경우 '혁신'이란 이탈리아 밖에서 교황을 찾는다는 뜻이다. 제3세계에서? 아직 이르다. 동유럽에서? 그 지역 공동체들은 공의회 이후의 분열 상황을 아직 극복하지 못했다. 그렇다면 서유럽은? 오스트리아의 프란츠 쾨니히Franz König 추기경에서부터 미국의 존 크롤John Krol 추기경에 이르기까지 몇몇 추기경들은 첫 콘클라베부터 그런 가설을 내세웠고, 나름대로 진전을 보이고 있었다. 특히 독일 측이 그러했다. 라칭거 추기경은 보이티야를 염두에 두었지만 굳이 자기 폴란드인 동료를 위해 지지 운동을 벌일 필요는 없었다. 이미 보름 전에 독일 추기경들은 풀다Fulda, 프랑크푸르트, 쾰른, 에센, 뮌헨, 마인츠 그리고 본에서 폴란드 주교단의 공식 대표단을 접견했다. 크라쿠프 대교구장 추기경은 주최적 인사들, 특히 회프너 추기경과 폴크 추기경에게 깊은 인상을 심어 주었다.

쾨니히, 크롤, 회프너, 폴크, 라칭거 등과 10여 명의 다른 추기경들은 결국 5세기 전부터 내려오는 오랜 전통을 깨고

---

8 George Weigel, *Jean-Paul II, témoin de l'Espérance*, J.-C. Lattès, 1999.

성 베드로좌에 '비이탈리아인'을 선출하는 데 동참하려 했다. 콘클라베의 첫 표결에서부터 같은 이탈리아 출신 베넬리(피렌체) 추기경과 시리(제노바) 추기경의 대결은 표심을 다른 지역 출신 제3의 후보에게로 돌려놓았다. 1978년 10월 16일 여덟 번째 투표에서 보이티야 추기경이 교황으로 선출되었고, 그는 요한 바오로 2세라는 이름을 택했다.

"우리는 당신이 로마에 있기를 바랍니다!"

로마에 있는 교회 행정부는 매우 육중하고 관료적이었다. 신임 교황은 그 기구 밖에서 교황청 최고 지위에 올랐으므로, 교황청의 압력에 시달릴 위험에 노출되었다. 제2차 바티칸 공의회가 호되게 몰아붙인 교황청은 바오로 6세 재위 기간 중 엄청나게 개혁되긴 했지만 상황은 크게 달라지지 않았다. 하여 요한 바오로 2세는 몇몇 미더운 인사를 측근에 두었다. 77세의 가톨릭교육성 장관 가브리엘 가론느Gabriel Garrone 추기경을 경질하기 위해 교황은 요제프 라칭거를 떠올렸다. 교황은 라칭거에게, "우리는 당신이 로마에 있기를 바랍니다!"라는 말로 자신의 생각을 전했다.

라칭거에게는 충격이자 새로운 갈등이었다. 그가 뮌헨 대교구장에 임명된 것이 고작 1년 전이었다. 그의 빠른 이임은 교구 신자들에게 바람직하지 않을 것이었다. 그는 이제 막 성무에 틀이 잡히기 시작했고 자신의 사명을 가늠해 보고 있었다. 바이에른과 가족에게서 멀어지고, 독일에서 평판이

나쁜 바티칸에 입성하는 것이 마음에 들지 않았다. 라칭거는 교황의 권유를 고사했다. 요한 바오로 2세는 "좀 더 신중히 생각해 봅시다"라는 말로 그의 입장을 존중해 주었다.

그렇다고 교황이 그 재능 있는 독일 친구를 로마로 불러들일 생각을 포기한 것은 아니었다. 교황은 상황이 호전되기를 기다리면서 라칭거에게 1980년 9월 26일 로마에서 열릴 '현대 세계에서의 가족'에 관한 특별 시노드의 보고 책임자를 맡아 줄 것을 요청했다. 요한 바오로 2세는 공의회 이후의 교회 문제들을 원만히 관리할 주교들을 결집시킬 목적으로 바오로 6세가 설립한 그 제도를 새삼 활성화시키고 싶었다. 얼마 전 교황은 측근들 중 한 명인 톰코Tomko 추기경을 시노드 사무총장으로 임명했다. 이 기획에 라칭거를 참여시킨 것은 단순한 호의 이상이었다. 카롤 보이티야 자신도 1974년에 개최된 한 시노드의 보고 책임자였으므로 그 임무의 중요성을 잘 알고 있었다. 1968년 피임에 관한 회칙 「인간 생명」이 복잡한 과정을 거쳐 공포된 지 12년 만에 열린 이 회의에서는, 「인간 생명」에서 정한 원칙들을 더욱 공고히 하려 했던 것이다. 그 회칙은 폴란드 가톨릭 신자들에게 큰 공감을 얻었지만, 독일 가톨릭 신자들에게는 감정 상하는 것이었다.

시노드 폐막 5주 후 요한 바오로 2세는 독일을 방문했다. 라칭거와의 우정 때문만은 아니었다. 교황은 독일 교회 지도자들과의 실질적 동조를 확인하고 싶었던 것이다. 그런 움직임은 공의회 폐막 무렵 폴란드 주교들이 독일 주교들에게 저 유명한 편지(「우리는 당신들을 용서하며 당신들에게 용서를 구합니다」)[9]를 쓴 데서 비롯되어, 추기경 시절인 1977년과 1978년 두 번의 독일 체류 기간에 진전을 보았다. 서로에게 감탄과 존경을 자아냈던 그런 관계가 없었다면 크라쿠프 대주교는 교황으로 선출될 수 없었을 것이다.

요한 바오로 2세의 뮌헨 방문

소란스러운 독일 가톨릭 공동체들과 로마 교황청 간에 이해와 소통이 부족할 위험은 상존했지만, 독일 고위 성직자들과의 돈독한 유대감에 힘입어 요한 바오로 2세는 교황 사목 프로그램에 독일 방문을 포함시켰다. 신자 수가 많을 뿐 아니라 재정과 전통이라는 측면에서도 풍요로운 독일 가톨릭교회와, 경직성·거만·보수주의 때문에 독일의 비난을 받은 바티칸 사이에는 항상 깊은 단절이 존재했다. 독일 추기경들이 비이탈리아인 교황 지지 운동을 전개한 것도 바로 그 때문이었다. 쾰른에서 폴란드인 교황은 대단한 환대를 받았지만, 자신의 대화 상대자들의 비위를 거스르지 않도록 일부러 조심하지는 않았다. 교황은 독일 신자들에게 그들이 많은 문제를 제기할 수는 있지만, 그들 또한 교회의 일부임을 상기시켰다. 11월 18일 저녁, 독일 신학자들과의 만남을

---

9 Bernard Lecomte, *Jean-Paul II*, op. cit.

위해 알퇴팅에 있는 카푸친회 성 콘라드Sankt Konrad 수도원으로 출발하기 전에 요한 바오로 2세는 풀다에서 독일 평신도들에게 "당신들의 선입견과 고민에 갇혀 있지 마십시오"라는 말을 남겼다.

알퇴팅은 바로 요제프 라칭거가 태어난 지방의 중심지다. 그는 그 지역 대주교이자 가장 훌륭한 신학자들 중 한 사람이었다. 라칭거가 참석한 가운데, 그리고 이 괴팍한 청중들 앞에서 요한 바오로 2세는 신학은 전적으로 완전한 학문이기는 하지만 '신앙을 전제로 해야 하며', 가톨릭 신학자는 '교회의 이름으로, 교회의 위임을 받아' 교육해야 한다는 점을 상기시켰다. 교황 입장에서 볼 때 신학자는 '새로운 주장들을 제시할 수 있고 마땅히 그래야 하지만, 그의 주장들은 단지 교회를 향한 하나의 제안에 불과하다'는 생각을 잊으면 안 된다. 신학자와 교회 사이에 의견의 불일치가 있다면, 그것을 재검토하는 것은 바로 신학자의 몫이다. 분명히 라칭거도 동참했을 것이 틀림없는 그 메시지는 절대적으로 명명백백했다. 들을 귀 있는 사람에게는 ….

다음 날, 한 달 전 유명한 맥주 축제 '옥토버페스트'Oktoberfest가 열린 뮌헨 테레지엔비제Theresienwiese 광장에 50만여 명의 바이에른 가톨릭 신자들이 대미사에 참석했다. 라칭거 대교구장이 교황을 영접했다. 미사 끝에 서슬이 시퍼런 한 젊은 여성이 마이크를 낚아챈 사건이 벌어졌는데, 바로 독일 가톨릭 청년 연합Bund der Deutschen Katholischen Jugend

의 대변인이었다. 그녀는 느닷없이, "기성질서와 결탁하여 개혁을 거부하는 이 소심한 교회를 젊은이들은 도저히 이해하지 못한다"고 항변했다. 그 선동적인 발언은 당시 상황에도 불구하고 매우 가톨릭적이었던 바이에른 지방을 포함한 독일 교회를 끊임없이 동요시킨 긴장을 폭로하는 것이었다. 요한 바오로 2세는 라칭거와 몇 마디 주고받은 후 서둘러 미사를 끝냈다.

바이에른을 떠나기 전 교황은 독일 예술가들과 만난 자리에서 유럽 예술사를 통틀어 그리스도교의 영감을 받지 않은 것은 사실 아무것도 없다고 설명했다. 뮌헨 공항에서 루프트한자 항공사 비행기에 탑승하기 직전 교황은 다시 폴란드인으로 돌아왔다. 감정 섞인 어조로 제2차 세계대전을 '금세기 최악의 끔찍한 경험'이라 규정했고 그 '비극적 결과들'이 주는 몇 가지 교훈을 되새겼다. 교황을 공항까지 배웅한 뮌헨 대주교 앞에서 로마의 주교가 된 전임 크라쿠프 대교구장은 국가들 간, 특별히 독일과 폴란드 간의 평화를 다시 한번 촉구했다. 신임 교황과 그의 승계자를 이미 예상한 듯 연결지은 이번 여행의 화려한 결론은 바로 제2차 세계대전의 '극복'이었다. 모든 것이 하나의 상징이었다.

1981년 11월 25일, 요제프 라칭거 추기경은 교황청 신앙교리성 장관에 공식 임명되었다. 로마행을 고사한 지 한 해가 지나서였다. 누구나, 설사 하느님의 사람이라 할지라도, 영원히 살 수는 없음을 라칭거 추기경에게 새삼 환기시킨 참사가 일어난 해이기도 했다. 1981년 5월 13일, 터키의 테러리스트 알리 아그사Ali Agça가 교황 요한 바오로 2세를 저격하여 자칫 유명을 달리할 뻔한 일이 생긴 것이다. 그 와중에도 라칭거는 주교로서의 자신의 소명에 대한 확신이 서지 않았다. 그는 여전히 연구와 저술에 몰두하는 한 명의 지식인이었다. 뮌헨 대주교가 된 후에도 꾸준히 『콤무니오』에 관여했으며 세 권의 저서를 출간했다. 그러나 슬럼프가 왔다. 막중한 대교구의 수장으로 있는 동안에도 교구 내 '보수주의자'와 '진보주의자' 사이의 갈등은 해소될 기미가 보이지 않았다. 책 쓸 시간도 부족했다. 교황의 제안대로 신앙교리성 장관이 된다면 저술을 완전히 포기해야 하지 않을까? 그는 요한 바오로 2세에게 터놓고 말했다. "제가 신학자로서 연구 활동을 계속할 수 있겠습니까? 연구와 새로운 소임이 공존할 수 있겠습니까?"

요한 바오로 2세는 망설이지 않았다. 자기 곁에 두고 싶은 그 사람이 어떤 열정을 가지고 있는지 교황은 잘 알고 있었다. 교황청 직무에 종사하면서도 저술 활동에 애착을 가진 추기경들은 그 말고도 많다. 교황 자신도 마음 깊은 곳에 몇 편의 시를 품고 있지 않았던가? 자신도 개인 경당에서 사사로운 글을 포함한 이런저런 작품을 쓰곤 하지 않았던가?

"아무 문제 없습니다." 그게 전부였다. 요한 바오로 2세는 신임 장관에게 어떤 지시도 방향도 제시하지 않았다. 그 직책에 신학자를 임명하기로 결정한 것은 바로 교황, 오직 교황이었다. 교황은 라칭거의 지적 자질과 확고한 신념에 의문을 품지 않았다. 그것으로 족했다. 최선이든 최악이든 카롤 보이티야는 언제나 직관과 신뢰에 따라 행동했다.

로마, 치타 레오니나 지구

4개월 후 라칭거 추기경은 뮌헨을 떠났다. 1982년 2월 15일 송별회 석상에서 그는 "로마 소식이라고 다 희소식은 아닙니다!"라고 말했다.

친구 다마스키노스 파판드레우는 그에게 축하 인사를 전하며 교수 생활과 성성聖省 장관직 간에 연속성이 있겠느냐고 물었다. 요제프 라칭거는 이렇게 대답했다. "교수든 장관이든 다 같은 한 사람입니다. 명칭이 다르다는 것은 소임의 기능이 다르다는 뜻입니다. 그 점에서 차이는 있겠지만 모순되지는 않습니다." 그 후 23년이 흘러 장관이 교황으로 선출되었을 때, 당시를 회상하며 한 말이기도 하다.

요제프 라칭거는 성 베드로 광장에 인접한 교황청 스위스 근위대 막사 맞은편 치타 레오니나Citta leonina 지구 건물 5층에 여장을 풀었다. 그는 곧 전임 워싱턴 교황 특사였던 이탈리아인 피오 라기Pio Laghi, 또 조금 뒤에는 해방신학의 강력한 반대자였던 콜롬비아 출신의 다리오 카스트릴롱 호요스Dario Castrillon Hoyos를 이웃으로 사귀게 된다. 요제프 라칭거는 매일 아침 벵골 출신의 음료 판매원이 그의 창문 아래 트럭을 세우고 첫 관광객들을 맞이할 즈음 숙소를 나섰다. 수수한 검은색 외투 차림에 바스크풍 베레모를 쓰고, 낡은 가죽 가방을 팔에 낀 채였다. 그는 치타 레오니나 광장을 가로질러 베르니니Bernini 주랑을 지나 조용히 성 베드로 광장 맞은편 성성 집무실로 출근했다. 도중에 자기를 알아보는 순례자들과 정답게 인사를 나누기도 했다.

교회의 가장 중요한 부서 가운데 하나의 수장이며 10억 가톨릭 신자들의 교리교육을 책임지고 있었지만, 그는 여전히 온순하고 융통성을 잃지 않았다. 늘 그랬다. 목요일이면

시내 독일 학생 회관 소성당에서 독일어 미사를 집전했고, 일요일에는 가끔 위로의 성 마리아Sancta Maria Consolatricis 본당에서 미사를 집전했다. 그 본당은 붉은 추기경 모자와 함께 그에게 귀속되었고 1993년 이후에는 주교급 추기경Cardinalis ordinis episcopalis의 명의를 지닌 '로마 근교 일곱 교구' 중 벨레트리세니Velletri-Segni 교구에 속했다. 그는 도회지풍의 성대한 의식이나 만찬을 좋아하지 않았고 바티칸이라는 작은 세계를 뒤흔들어 놓은 '콤비나치오네'combinazzione에도 드나들지 않았다. 훗날 그는 "교황청이라는 세계 자체가 내게는 완전히 낯선 것이었다"고 회고한다.[1]

"우리는 괴물이 아닙니다"

신앙교리성은 바티칸의 가장 오래된 기구들 중 하나다. 1542년, 교황 바오로 3세는 '로마 및 전 세계 검사성성'이라는 이름으로 지금의 신앙교리성을 설립했다. 그 기구의 목적은 각종 이단에 맞서 교회를 지키는 데 있었다. 그러나 '검사'inquisition라는 용어가 중세 그리스도교 세계의 모든 억지와 분란(이단 학살, 고문, 종교 재판, 민중 반란 등)을 연상시키기에, 교황 비오 10세는 1908년 그 기구의 명칭을 '성무성성'으로 바꾸었다. 제2차 바티칸 공의회가 끝나갈 무렵 새로운 변화가 있었다. 공의회 교부들의 잦은 논란으로 성무성성은 가

---

1 *Le Sel de la terre*, op. cit.

톨릭교회의 모든 제도적·교리적 규제의 희생양이 될 뻔했다. 이에 바오로 6세는 기구 개혁을 결심했고 1965년 12월 지금의 명칭으로 바꾸었다.

신앙교리성은 23명의 위원으로 구성된다. 통상 각 교황청립 대학 교수로 구성된 30여 명의 자문위원consultori과 40여 명의 행정 직원이 그들을 보좌한다. 1988년 6월, 총체적 교황청 개혁의 일환으로 요한 바오로 2세는 이 기구가 "신앙에 대한 교의나 모든 가톨릭 교회의 관습들을 보호하고 증진시키는" 것을 기본 임무로 한다고 명시했다. 그 임무를 수행하기 위하여 신앙교리성은, "과학 문명의 발전에서 비롯된 새로운 문제들에 대해 신앙에 의거하여 응답할 수 있도록, 신앙의 지혜를 함양할 목적으로 행해지는 연구에 특별한 혜택을 제공"[2]해야 한다. 이 새로운 언급에서 여전히 신앙교리성을 지배하고 있는 신학자의 '손길'이 느껴진다.

라칭거 주교만 유난히 이 성省에 관심을 가진 것은 아니었다. '사도좌 정기 방문'ad Limina[3] 때 전 세계 주교들이 반드시 성청의 사무실을 경유했기 때문이다. 언젠가 라칭거 장관은 "우리의 가장 직접적인 파트너는 주교들이다"라고 말했다. 그는 사반세기 동안 가톨릭교회의 고위 인사들을 정기적으로 영접하면서 각국 '교리 상황에 대한 정보를 교환하고 관

---

2 교황령 「착한 목자」(*Pastor bonus*) 48항; 2002년 1월 10일 외무부 강연.

3 교구 현황 5개년 보고서를 교황에게 제출하는 매 5년마다, 교구장은 베드로 사도와 바오로 사도의 묘소를 참배하고 교황을 예방하며 교황청 관련 부서와 업무를 협의한다.

련 문제들을 심층적으로 연구'했다. 라칭거는 이런 활동을 통하여 보편 교회의 상황에 관한 유익한 교훈을 얻었다. 각 국 주교들은 세련되고 개방적이며 호의적이고 수줍기까지 한 그 사람이 전설 속의 '대심문관'이 아님을 확인할 수 있었다. 어느 날 라칭거는 페터 제발트Peter Seewald라는 기자에게, "만나 보면 우리가 괴물이 아니라는 걸 아실 겁니다"라고 말했다.[4]

라칭거 장관은 권위적이지도 독선적이지도 않다는 것이 당시의 일치된 증언이다. 그는 자신의 관점을 강요하지 않았다. 그의 방식은 의견을 청취하고, 자료를 분석하며, 자문을 구해서, 유능한 신학자와 전문가들의 합의가 도출될 때까지 생각을 정제하는 것이었다. 그의 옛 협력자 중 한 사람은 이렇게 증언한다. "우리는 합의를 도출하는 방식으로 일했다. 그는 각자에게 발언권을 주었다. 최연소자의 의견을 수용하는 경우도 드물지 않았다. 그는 그것이 바로 성 베네딕도의 규칙으로, 가장 어린 수도승이라도 수도원 운영에 관한 유용한 의견을 제공할 수 있다고 말하곤 했다."[5] 라칭거 자신은 달리 행동하는 것이 불가능하다고 했다. "나는 결코 내 생각을 가당찮게 강요하지 않을 것이다. 나는 스스로를 커다란 작업 공동체의 조정자로 여긴다. 모든 자문 위원

---

[4] *Le Sel de la terre*, op. cit.

[5] *Famiglia Cristiana*에 수록된 타르치시오 베르토네(Tarcisio Bertone) 추기경의 증언. Jean-Marie Guénois, *Benoît XVI, le pape qui ne devait pas être élu*, J.-C. Lattès 2005에서 인용.

이 주제에 관해 합의하지 않는 한 아무것도 결정되지 않을 것이다 ….”[6]

이처럼 자신의 견해를 강요하지 않는 방식 때문에 교황 요한 바오로 2세 재위 기간에 실현된 중요한 의제들 중 하나가 자칫 실패로 돌아갈 뻔했다. 그것은 교회일치운동에 관한 것이었다. 요한 바오로 2세의 요구에 부응하여 세계 루터교 연맹과 그리스도인일치촉진평의회는 ‘의화’義化(Justification) 교리에 관한 관점을 접근시키려고 다년간 노력했다. 의화 교리는 인간이 하느님의 은총인 신앙에 의해서만 ‘의롭게’ 되는 것이지, 교회 제도가 승인하는 각자의 선행에 의해서 그렇게 되는 것이 아니라고 주장한다. 이 교리 논쟁이야말로 가톨릭 신자와 프로테스탄트 신자들에게는 핵심적 ‘아프로디테의 사과’[7]였다. 그러나 1995년 타협의 첫 밑그림이 그려지고, 1997년에는 또 다른 타협의 윤곽이 마련되었다. 결국 1998년 초 양측은 공동 문서를 수용했다. 그리스도인일치촉진평의회에 참여하면서 루터교 측 친구들만 염두에 두고 있던 라칭거는 그 합의에 기쁨을 감추지 않았다. 자신이 책임을 맡은 신앙교리성의 자문 위원 대부분이 새삼 문

---

6 *Le Sel de la terre*, op. cit.

7 고대 그리스 신화에 나오는 이야기로, 불화의 여신 에리스가 던진 황금 사과를 차지하려고 헤라, 아프로디테, 아테나 세 여신이 경쟁한다. 제우스는 이 문제에 개입하지 않으려고 양치기 파리스를 시켜 가장 아름다운 여신이 사과를 차지하도록 한다. 파리스는 아프로디테에게 사과를 바치고 그 대가로 세상에서 가장 아름다운 여인 헬레네를 부인으로 얻는다. 결국 그 사과는 여신들 사이에 불화를 낳고 트로이 전쟁의 불씨가 된다 — 역자 주.

제를 제기했다는 사실을 확인하기 전이었다. 그들의 반론을 모르는 체할 수는 없었다. 신앙교리성의 유보 조항들이 포함된 이상한 '보완 자료'와 함께 '의화 교리에 관한 공동선언'이 1998년 6월 25일 바티칸 공보실에서 공식 발표되는 데는 요한 바오로 2세의 개인적인 고집이 필요했다. 전문가들도 놀랐다.

모든 사람을 위한 교리교육

라칭거는 신앙교리성 장관으로 임명됨과 동시에 자동적으로 교황청 성서위원회와 교황청 국제신학위원회 의장이 되었다. 그는 이미 그 위원회 지도자들 가운데 한 사람이었다. 통상 명망 있는 교수 30여 명으로 구성된 국제신학위원회는 일주일의 회의 기간 중에 까다로운 주제들을 논의했다. 이는 라칭거가 로마에서 누린 행복이었다. 위원회의 한 구성원은 이렇게 말한다. "그는 그 모임을 즐겼고 많은 경우 신앙교리성의 다른 모임보다 훨씬 재미있어했다. 그는 전혀 거리낌 없이 언어의 장벽을 넘나들었으며, 자신이 제기한 이 지적 대조 작업들을 정중하게 이끌었다. 그러고는 전통에 따라 자신이 직접 라틴어로 결론을 내렸다."[8]

라칭거는 곧바로 바티칸의 가장 영향력 있는 인물이 되었다. 요한 바오로 2세의 최측근 조언자 그룹에 속했기 때문이

---

[8] Roland Minnerath 대주교가 필자와의 대담에서 들려 준 말이다.

다. 그 어떤 고위 성직자가 사도궁 3층의 저 유명한 집무실에서 매주 금요일 저녁 6시 30분에 개인 면담을 할 수 있겠는가? 요한 바오로 2세는 각종 교리 관련 정보를 얻고 싶었음이 분명하다. 하지만 그것뿐이라면 화요일 오전에 열리는 업무 회의로도 충분할 터인데, 많은 경우 그 회의는 핵심 전문가들이 동참하는 신앙교리성 장관과의 오찬으로까지 이어졌다. 교황은 라칭거와 머리를 맞대고 잡담을 나누는 것이 진정 즐거웠던 것이다. 교황과 장관, 폴란드인과 독일인, 철학자와 신학자, 신비주의자와 합리주의자, 목자와 학자는 많은 경우 매우 보완적이었다. 그들은 자신의 분석을 즐겨 대조해 보고 둘 다 '심오한 조화'에 이르곤 했다.

요한 바오로 2세는 취임 후 국무원장에게 거의 모든 세속 권력을 위임했다. 그를 교황청의 진정한 주인이라 할 수 있다면, 바티칸에는 분명 신중하고 예의 바른 라칭거 추기경이란 이름의 '부副교황'이 존재했다.

1983년, 요한 바오로 2세가 그를 (화해와 고해에 관한) 제6차 주교 대의원 회의 의장으로 임명하고, 1986년에는 가톨릭교회의 새로운 교리교육 준비위원장으로 임명했을 때, 로마에서는 아무도 놀라지 않았다. 그 몇 달 전 제2차 바티칸 공의회 20주년을 맞이하여 한 미국인 추기경이 새로운 범세계적 교리교육이라는 구상을 발의했다. 그것이 요한 바오로 2세의 마음에 들었다. 교황 재임 기간 중 최고의 공적功績이랄 수 있는 그 계획은 5년 동안 추진되었다. 그토록 근본적이면서 동시에 불화의 소지가 다분한 계획과 관련하여, 전세계 주교 천여 명을 대변하는 고위 성직자 15명의 관점을 라칭거보다 더 잘 경청하고 조화시키며 종합할 수 있는 사람이 어디 있겠는가? 라칭거 추기경은 오스트리아 출신의 젊고 유능한 크리스토프 쇤보른Christoph Schönborn 주교와 긴밀히 협력하여 그 과업을 수행한다. 쇤보른은 라칭거의 옛 제자로, 서로 잘 통하는 사이였다.

모두가 그 계획에 동의한 것은 아니었다. 그 계획에서, 지역 가톨릭교회들을 재장악하려는 '로마의 의지'를 읽은 유럽 주교들이 적지 않았다. '로마 밖으로!'Los von Rom!라는 끈질긴 구호를 아직 버리지 않은 독일이 특히 더했다. '갈리아주의' 전통이 면면히 이어지는 프랑스도 마찬가지였다. 의장에 간신히 취임한 라칭거는 네덜란드와 프랑스의 일부 주교들과 대립했다. 그가 트렌토 공의회의 공적인 『로마 교리서』 *Catechismus Romanus*의 장점을 공공연히 칭송하고, 교리교육 쇄신을 위한 양국의 시도를 강도 높게 비판했기 때문이다. 1983년 1월, 프랑스의 수석 주교이자 리옹 대교구장인 알베르 데쿠르트래Albert Decourtray는, 자신의 교구에서 신앙교리성 장관 라칭거 추기경이 행한 강연[9] 내용과 자신의 견해가 다르다는 것을 밝히려고 분노 섞인 공식 성명을 발표하기까지 했다. 라칭거가 1992년 12월 새로운 『가톨릭교회 교리

---

9 1983년 1월 15일과 16일에 리옹과 파리에서 라칭거 추기경이 한 (교리교육에 관한) 강연.

서』*Catechismus Catholicae Ecclesiae*를 간행했을 때 독일 주교단도 같은 이유로 맹비난을 퍼부었다. 독일 주교들이 보기에 그 교리서는 분명 1566년의 『로마 교리서』와 연장선상에 있는 것이었다. 그는 미국이나 이탈리아에서처럼 나름의 교리서 발간에 공들이고 있던 많은 주교단의 시도를 저지하려고 선수를 쳤던 것이다.

각국 주교회의가 자국에서 죄, 천사, 최후 심판, 혼인, 삼위일체 하느님, 성모 마리아 동정성과 심지어 「사도신경」까지 나름대로 이해한 교리서를 발간했다면, 가톨릭교회와 10억 신자는 어디로 갈 것인가? 라칭거 추기경은 '나의 임무는 바로 교회의 일치다!'라는 준엄한 언명으로 엄격하고 비타협적인 자신의 간섭을 거듭 정당화했다.

양 떼들의 일치

가톨릭교회 일치의 붕괴가 요제프 라칭거에게 일종의 강박으로 작용했음을 잊어버린다면, 그가 23년 동안 추진한 과업을 제대로 이해할 수 없다. '온 세상의 목자' 요한 바오로 2세는 늘 '양 떼들의 일치'에 대해 노심초사했다. 이견을 내세우는 전통 고수주의자와, 기성질서를 비판하는 분리 지지 신학자 모두를, 가능한 한 일거에 제압하고 다시 순명하게 만들기를 라칭거에게 기대한 것도 바로 그 때문이었다. 그 일이 마치 규율의 강화나 로마 중심주의로의 회귀처럼 보여도 어쩔 수 없었다. 라칭거는 호락호락한 사람이 아니었다. "로마 직무 가운데 유쾌하지 못한 임무들을 상당 부분 내가 떠맡아야 한다는 것은 처음부터 명백했다."[10]

1988년 4월 8일 신앙교리성에 보낸 편지에서 교황은 교회 일치에 대한 우려를 확인하고 있다. 교황은 자신이 '진보주의'도 '보수주의'도 반대한다는 점을 상기시키고, 공의회가 '전례 분야에서 몇 가지 오류'를 범했다는 사실도 인정했다. 교황은 라칭거 추기경에게 '신중하고 폭넓은 안목과 통찰력'을 발휘해 달라고 요청하는 한편, 개혁 반대주의자들의 우두머리가 된 전임 다카르Dakar[11] 대교구장 마르셀 르페브르 문제를 해결해 줄 것을 강력히 촉구했다.

문건의 내용은 역설적이었다. 르페브르 대주교는 전례 개혁을 맹렬히 반대했고, 제2차 바티칸 공의회를 총체적 오류라고 규탄했다. 그 연로한 고위 성직자가 교회일치운동만 비난하지 않았던들, 라칭거 추기경은 별 어려움 없이 그에게 공감할 수 있었을 것이다. 공의회 이후 교황 바오로 6세가 새로 제정한 전례와 옛 전례('비오 5세의 전례')를 미사에서 함께 사용하는 것을 불허한 방침에 대해서도 그는 거듭 유감의 뜻을 표명하지 않았던가? 공의회 이후의 '과도한 개혁'보다는 차라리 '복고'가 바람직할 뻔했다고 평가하지 않았던

---

10 *Le Sel de la terre*, op. cit. 뤼스티제(Lustiger) 추기경은 이 점에 대해 이렇게 언급했다. "라칭거에게는 가톨릭 신앙을 상기시킬 책임이 있었지만 의사소통까지 책임질 이유는 없었다!"(*La Croix*, 21 avril 2005).

11 세네갈의 수도이며, 1659~1960년 서아프리카 전 지역이 독립할 때까지 프랑스 식민지였다 — 역자 주.

가?[12] 라칭거의 전임자 세페Seper 추기경도 진보주의자는 아니었지만, 1976년부터 바오로 6세가 '모든 사제직'a divinis을 정지시켰던 이 '비오 10세 형제회'의 우두머리를 침묵시키고 소외시키는 데 총력을 경주했다. 하지만 허사였다. 그리하여 르페브르 대주교는 스위스의 에콘Ecône을 세력 기반으로 삼아 바티칸에 대한 공격적인 도전을 개시했다. 83세의 그는 주교를 임명하면서 그의 후계를 확보할 계획을 세웠다.

요제프 라칭거에게 이는 참극이었다. 지시는 명백했다. 최선을 다해 분열을 막아야 한다는 것이었다. 그러나 신학적 경고, 간청 서한, 열정적 대화, 심지어 마지막 순간에 라칭거가 발송한 교황의 개인 초청장조차 아무 영향을 미치지 못했다. 1988년 6월 30일 목요일, 에콘에 운집한 만여 명의 추종자 앞에서 마르셀 르페브르는 주교 네 명을 임명하는 장엄한 의식을 거행했다. 결국 그는 네 명의 신봉자들과 함께 '잘못을 범했다는 사실 자체로'latae sententiae(범죄 사실에 대해 자동으로 선고되는 처벌에 따라) 즉각 파문되어 로마 교황청과 완벽하게 절연했다.

요한 바오로 2세에게나 라칭거에게나 이 사건은 뼈저린 실패였다. 신속히 제2차 바티칸 공의회 이전의 몇몇 전례를 허용하는 문건Ecclesia Dei afflicta을 공포하고, 머뭇거리는 개

---

12 Joseph Ratzinger, *Entretien sur la foi* (avec Vittorio Messori), Fayard 1985. 이 책은 제2차 바티칸 공의회를 총체적으로 평가하는 특별 시노드 직전에 출간되어 물의를 일으켰다. 라칭거는 '복고'의 의미가 '퇴보'와는 아무 상관이 없다는 식으로 설명해야 했다.

혁 반대주의자(결단코 공식적인 사도 전승의 로마 가톨릭교회 안에 남아 있기를 원하는 사람)들을 '회유하기' 위해 뒤늦게나마 '성 베드로 형제회'를 설립했지만 그 실패는 만회되지 않았다. 10년 후인 1998년 10월, 라칭거 추기경이 바티칸에서 공식 접견한 그들의 수는 2천 명을 헤아렸고 대부분 프랑스인이었다. 라칭거는, "르페브르파 내에서도 공의회에 근본적으로 적대적인 핵심 그룹과, 관상觀想적 성격이 더 강한 전례에 향수를 느끼는 신자들을 구분할 필요가 있다"[13]고 말했다. 미래의 교황 자신도 그런 향수를 공유하고 있지 않았던가?

신학자들에게 순응을 요구하다

이상하게도 사람들은 본질적이고 지속적인 영향을 미친 르페브르 대주교의 파문보다는 이런저런 반체제 신학자들을 순응시키려 했던 라칭거의 간섭을 더 많이 기억하고 있다. 로마에 대하여 갈수록 비판적이던 그의 오랜 적수 한스 큉 문제는 살짝 짚고만 넘어가자. 큉 문제는 1979년 12월 그의 전임자가 해결했다. 큉은 파문되지도 성직에서 해임되지도 않았지만, '교회법적 서임'missio canonica, 이른바 참된 '가톨릭 신학 교수'라는 교회의 공식 인증은 박탈당했다. 가르치고, 책을 출간하고, 미사를 집전하는 것은 막지 않는 수준의 '징계'였다. 규칙은 단순했다. 모름지기 신학자는 가톨

릭교회 교의敎義의 범주 내에서 활동할 때만 '가톨릭적'이라고 일컬어질 수 있다는 것이다.

라칭거는 프라이징에서 공부하던 시절에 그 규칙을 발견했다. 1949년 교황 비오 12세가 성모 승천 교리 공포에 대한 의견을 수렴하기 시작했을 때, 독일 신학자들은 강하게 이의를 제기했다. 무엇보다 그 발의에 역사적 근거가 결여되었기 때문이고, 둘째로 프로테스탄트 동료 신학자들의 분노를 사게 될 것이기 때문이었다. 라칭거의 뮌헨 시절 교수들이 저항의 중심에 있었는데, 특히 라칭거의 박사 학위논문 지도 교수 코틀리브 쇤겐이 그 핵심이었다. 누군가 쇤겐 교수에게 "교황이 당신 의견을 따르지 않는다면 어쩌실 겁니까?"라고 묻자, 그 탁월한 교수는 이렇게 대답했다. "교회가 나보다 훨씬 현명하다는 사실을 잊지 않겠습니다. 나는 내 보잘것없는 학문보다 교회를 더 신뢰합니다."[14]

미국 신학자 찰스 쿠란Charles Curran(1986), 독일 신학자 오이겐 드레버만Eugen Drewermann(1993), 벨기에 신학자 자크 뒤퓌Jacques Dupuis(2001)와 몇몇 다른 명망 높은 교수들에게 요구된 것은 (복종하든 포기하든 간에) 그런 단순한 규칙을 존중하라는 것이었다. 하지만 그것이 항상 고상하지만은 않았다. 문서화된 소송절차, 그리고 신학자들과 교회 기관이 주고받는 논쟁들은 대개 인간미가 결여되어 있었다. 그러나

---

14 *Ma vie*, op. cit.

과거 이단 심문의 기억과는 달리 그런 절차가 폭력적이지는 않았다. 1999년 「라크루아」지에 실린 라칭거의 주장을 혹평했던 프랑스 신학자 피에르 에Pierre Eyt에게 신앙교리성 장관은 그 신문 독자 투고란을 통해 응답했을 뿐이다.

해방신학

1985년, 라칭거 장관은 브라질 신학자 레오나르도 보프Leonardo Boff에게 교회의 공식 범주 내에 남을지 말지 결정하기 전에 1년 동안 '회개의 침묵'을 지킬 것을 제안했다. 보프 신부 관련 기록은 독특하다. 우선, 마르크스주의적 성향의 그 프란치스코회 수사 신부는 라칭거의 옛 제자였다. 두 명의 탁월한 브라질 추기경 아른스Arns와 로르샤이더Lorscheider는 신앙교리성의 사무실에까지 동행할 정도로 보프 신부를 강력하게 지지했다. 보프 신부는 해방신학의 계획·일탈·모순을 혼자서 구체화했다. 10년 앞서 페루 신학자 구스타보 구티에레즈Gustavo Guttierez가 창안한 '해방신학'은, 전투적 마르크스주의 혁명 분자들과의 결탁이라는 위험을 무릅쓰고 기존 정치체제에 대한 투쟁에 그리스도인이 참여할 것을 주장했다. 그것은 또한 가톨릭 신자들을 돌이킬 수 없을 정도로 분열시킬 위험을 무릅쓰는 것이었다.

해방신학은 이미 1979년 멕시코의 푸에블라Puebla에서 요한 바오로 2세에 의해 처음으로 단죄 대상에 올랐다. 1984년 8월 라칭거가 작성한 '해방신학의 일부 측면에 관한 훈령'「자유의 전갈」*Libertatis nuntius*을 요약하면 이렇다: 해방신학의 기본 주장 가운데 몇 가지는 수용할 만하며, 특히 '가난한 이들을 위한 우선적 선택' 같은 원칙은 긍정적이다. 하지만 계급투쟁 같은 다른 원칙들은 받아들일 수 없다.

요컨대 이집트 탈출과 혁명, 예수 그리스도와 체 게바라 Che Guevara를 동일시하는 것은 상상할 수 없다. 주교가 일국의 독재자와 긴밀한 관계를 맺고 있다는 이유로 하급 성직자들이 주교관에 기관총 공격을 가하는 것도 상상할 수 없다. 요제프 라칭거와 요한 바오로 2세는 이 점에서 일치했다. 가난한 이들에 대한 옹호는 찬성하지만 계급투쟁은 반대한다는 것이다. 20개월 후 신앙교리성이 공포한 '그리스도인의 자유와 해방에 관한 훈령'「자유의 자각」*Libertatis conscienta*은 인간의 진정한 '해방'은 바로 그리스도가 제시한 해방이라는 점을 상기시키면서 최초의 단죄를 보완하기에(미묘한 차이를 고려하여 표현하기에) 이른다.

2005년 2월 24일, '친교와 해방' 운동의 창시자 루이지 주사니의 장례미사에서 라칭거 추기경은 '68 혁명'과 주사니의 초기 단체들이 '절대 빈곤'으로 지목한 라틴아메리카를 거론했다. 그런 참상에 직면하여 그리스도인은 어떤 태도를 취할 것인가? 미래의 교황이 말한 "엄청난 유혹"이란 "절박한 상황을 극복하고 구조적 변혁을 성취하기 위해 그리스도를 추상화시키는 것"이었다. 그럴 경우 "그리스도교를 도덕론으로 변질시키고 신앙을 행동으로 대체하며", 조만간 "특수주의에 함몰되어 판단 기준과 방향을 상실할" 위험이 있다. 결국 "사람들은 통합 대신 분열의 길을 걷게 되며" 급기야 해방을 구실로 "기존의 것을 물리적으로 제거하겠다고" 위협하면서 이데올로기의 "음침한 계곡"에 함몰될 것이다.

라틴아메리카의 전투적인 그리스도인과 유럽 중심부 출신의 고위 성직자에게 해방신학이 동일한 방식으로 이해될 수 있을까? 보이티야와 라칭거 같은 성직자들은 마르크스주의와 계급투쟁에 대해 명확한 두려움을 가지고 있었다. 그런 두려움은 극단적 표현에서도 어쩔 수 없이 영향받았다. 보이티야에게 그것은 굴라그Gulag[15]였으며, 라칭거에게는 베를린 장벽이었다. 대다수 교황청 추기경들처럼 그 두 사람의 개인적 역사도 그리스도교에 관한 '유럽적' 전망을 형성했다. 그 전망은 교의 · 신학 · 전례 · 예술 · 상징 · 전례력뿐아니라, 노동 · 권력 · 재정과 교육을 포함하는 것이었다.

지지층이 부쩍 얇아진 유럽적 그리스도교 모델이 마르크스주의, 이슬람, 신흥 종교 혹은 동양 사상의 도전에 독자적으로 대응할 수 있는가? 위험을 무릅쓰고 라틴아메리카 민중, 아프리카 문화, 동양 영성과 연계를 모색하는 모든 사람을 로마 교황청은 지속적으로 단죄할 수 있는가?

---

15 1930~1955년까지 구소련에 존재했던 강제수용소로, 알렉산드르 솔제니친의 『수용소 군도』(1918~1956)를 통해 서방에 알려졌다. 소련의 강제수용소 제도는 1919년부터 시작되었으나, 굴라그는 1930년대 비밀경찰 KGB의 통제하에 설립되었다. 1936~1953년까지 대략 600만~1,500만 명이 이곳에 수용되었다고 전해진다 — 역자 주.

"유구한 역사의 유럽이여, 너를 향한 나의 애정 어린 외침을 들어라! 스스로 너를 되찾아라! 네 스스로 존재하라! 너의 기원을 발견하라! 너의 뿌리를 되살려라! 너의 역사에 광영을 안긴 그 진정한 가치들을 회복시켜라! 다른 대륙에 대한 너의 자비를 재현시켜라!"

1982년 11월 19일, 요제프 라칭거가 거처를 마련할 무렵, 요한 바오로 2세는 산티아고 데 콤포스텔라Saintiago de Compostella에서 세상을 향해 이렇게 열정적으로 호소하고 있었다. 독일인 고위 성직자(라칭거)는 폴란드인 교황이 호소하는 유럽의 의미를 의심하지 않았다. 1980년 8월의 그단스크 Gdansk 파업 이래, 요한 바오로 2세는 솔리다르노시치Solidarnosc 노조를 공개적으로 지지함으로써 철의 장막 너머에서

박해받는 민족들에게 격려의 인사를 보냈다. 라칭거와 그의 교황청 동료들은 깊은 인상을 받았다. 서독 사람들은 (프랑스인들보다 더) 큰 관심과 열정으로 폴란드 사태를 지켜보고 있었다. 폴란드에서 일어나는 일련의 역사적 사건들은 동독 동포의 미래와 직결되었으며, 독일 재통일에 대한 희망의 메시지로 여겨지기도 했기 때문이다. 독일인들은 리투아니아인, 체코슬로바키아인, 우크라이나인들에게 보내는 '슬라브 교황'의 애정 어린 몸짓에 주목했다. 1981년 5월 13일 요한 바오로 2세 테러 사건에 독일인들은 큰 충격을 받았다. 당시 숱한 사건들처럼 이 사건에도 KGB가 개입했을 가능성이 농후했다. 그 후 12월 13일 폴란드의 야루젤스키Jaruzelski 장군은 '전시 상황'을 무단 선포했는데, 이는 폴란드를 향한 서독의 열렬한 연대감을 폭발적으로 자극했다.

모든 독일인과 더불어 전임 뮌헨 대주교(라칭거)도 이러한 지정학적 돌발 사태를 주시하고 있었다. 당시 국제 정치는 분명 신앙교리성 장관 권한 밖의 일이었지만 유럽의 운명은 그의 관심을 불러일으키기에 충분했다. 그 주제는 금요일 저녁마다 교황 개인 집무실에서 가지는 폴란드인 교황과 독일인 추기경의 격의 없는 대화를 더욱 풍성하게 만들었다.

베를린 장벽의 붕괴

요한 바오로 2세는 늘 유럽의 재통합을 지지했다. 그는 유구한 역사의 대륙이 두 적대 진영으로 분열되는 것을 결코 용납하지 않았다. '유럽이 자신의 두 허파로 호흡하기를' 폴란드인 교황은 얼마나 바랐던가! 유럽의 재통합은 역사적 필연이라고 얼마나 자주 언급했던가! 1985년 5월 20일 브뤼셀에서 교황은 동·서 유럽이 같은 문화를 공유하고 있으며, 그 문화는 공히 '타자에게 개방된' 그리스도교 전통에 기초한다는 점을 상기시켰다. 1987년 5월 5일 요한 바오로 2세가 라칭거의 전임 뮌헨 교구에서 반反나치 활동을 한 예수회 수사를 시복할 때, 요제프 라칭거는 '대서양에서 우랄산맥까지' 재통합될 이 유구한 대륙의 미래에 대해 자문할 것을 강력히 교황에게 요구했다. 그리스도교의 뿌리를 공유한 하나의 유럽이 될 것인가, 아니면 근거 박약하고 그릇된 휴머니즘에 토대를 둔 유럽이 될 것인가? 1988년 10월 11일 스트라스부르의 유럽의회 의원들 앞에서 교황은 유럽이 "언젠가는 지리와 역사가 유럽에 허락한 수준의 정점에 이를 것"을 확언했다. 거기에는 "그리스인과 라틴 민족, 게르만 민족과 슬라브인을 포함한 모든 유럽 민족의 경험에 깊은 영향을 준" 신앙의 중요성도 포함되어 있었다.

1989년 8월 20일 산티아고 데 콤포스텔라를 다시 방문한 요한 바오로 2세는, 세계청년대회에 참가한 60만 젊은이들에게 유럽의 그리스도교 유산을 부활시키기를 권고하고 공산주의 몰락 이후 유럽의 '새 복음화'를 준비할 것을 촉구했다. 그러나 '통합의 중요 국면에 직면한 유럽과 임박한 그리스도교 삼천년기'에 대한 그의 호소에 진정으로 귀 기울일

자 누구인가? 교황의 발언은 아무 반향도 일으키지 않았다. (그해 11월 9일이면 무너질) 베를린 장벽이 그때까지 건재했기 때문이고 소비에트 체제가 막바지에 이르렀다는 그의 확신을 공유한 사람도 거의 없었기 때문이었다.[1] 1991년 5월에 반포한 회칙 「백주년」*Centesimus Annus*에서 유럽 공산주의의 종말에 관한 가르침을 설파했을 때, 요한 바오로 2세는 여전히 앞서 나가 있었다. 그것은 미하일 고르바초프Mikhail Gorbachyov의 소비에트 사회주의 연방공화국USSR이 그해 12월이면 결국 붕괴될 것이라는 가르침이었다.

그때까지만 해도 요제프 라칭거는 그 모든 과정을 보좌하는 증인이었다. 그가 독자적으로 그 주제를 연구하고 더 자주 논의한 것은 공산주의 몰락 이후 '유럽의 그리스도교적 뿌리'에 관한 담론이 진일보했을 때였다. 당시 그는 친구인 요한 바오로 2세의 확신을 공유하고 있었다. 유럽의 재통합만으로는 충분하지 않으며 유럽은 '자신의 영혼'을 새롭게 발견해야 한다는 것이다. 그리스도교 신앙에 따라 엄숙하게 확인되지 않으면 아무것도 이루어지지 않았던 중세 시대로 되돌아가자는 것이 아니었다. 오히려 유럽인의 문화와 정체성을 형성시킨 그리스도교적 가치들을 유럽인에게 되돌려주는 것이 주요 관건이었다.

---

[1] Bernard Lecomte, *La vérité l'emportera toujours sur le mensonge* (*Comment le pape a vaincu le communisme*), J.-C. Lattès, 1991.

‘유럽이여, 너의 역사를 잊지 마라!’

바티칸이 새 천년기 그리스도교 ‘희년’을 기념하던 2000
년 9월, 예기치 못한 소식이 날아들었다. 그 소식은 교황 측
근들의 반발을 샀다. 그달 14일 전임 독일 대통령 로만 헤르
초크Roman Herzog는 유럽연합이 위임한 ‘유럽 기본권 헌장’의
초안을 발표했다. 초안의 서문은 유럽 국가들이 공유한 ‘문
화적 · 인문적 · 종교적 유산’에 대해 언급했다. 그러나 그해
유럽 공동체 의장국이었던 프랑스 정부는 그런 내용을 공화
국 정교분리 원칙의 이름으로 반대했다. ‘종교’에 대한 최소
한의 암시도 용인할 수 없다는 것이었다. 결국 그 헌장은 유
럽의 ‘정신적 · 도덕적 유산’만 언급하게 되었다. 요한 바오
로 2세는 귀를 의심했고 그런 태도를 강하게 비난했다. 교황
은 “유럽이 자랑하는 문화와 휴머니즘에 기여했고 또 지금
도 기여하고 있는”[2] 종교의 ‘부차적 존재화’를 집요하게 개탄
했다. 2002/03년, 유럽 헌법 제정 조약문 초안 작성 협정에
따라 토론이 활발히 진척되는 동안 교황은 자신의 관점을
옹호할 기회를 놓치지 않았다. “뿌리 없는 나무가 살아서 성
장할 수 있는가? 유럽이여, 너의 역사를 잊지 마라!”[3]

요제프 라칭거도 당시 상황을 이해하기 어려웠다. 독일
인, 특히 바이에른 사람이었기에 유럽의 그리스도교적 뿌리
들을 준거로 삼는 것은 당연했다. 연방 공화국 헌법 전문에

---

2 2002년 1월 10일 외무부에서 행한 강연.
3 2003년 6월 시노드에서 행한 강론, ‘유럽의 교회’.

는 '하느님과 사람에 대한 독일 민족의 책임'이 명시되어 있다. 프로테스탄트 신자로 훗날 독일 수상이 된 앙겔라 메르켈Angela Merkel은 유럽 헌법 초안에 그리스도교에 대한 언급을 포함시키는 운동을 전개했지만 허사였다. 라칭거의 고향은 예외였는가? 어쨌든 그의 고향은 폴란드와 함께 종교의 공적 언급에 아직은 이의가 제기되지 않은 유럽의 마지막 보루였다. 1995년 카를스루에Karlsruhe 연방 대법원이 공립학교의 십자고상 설치에 위헌 판결을 내렸을 때 헬무트 콜Helmut Kohl 수상을 포함한 절대다수의 독일인이 충격을 받았다. 바이에른에서 십자고상을 철거한 학교는 없었다.

상대주의는 적이다

회의를 거듭하면서 라칭거 추기경은 요한 바오로 2세의 직관을 발전시켜 나갔다: 현대 유럽이 과거로부터 하느님을 배제하려거든, 차라리 현재로부터 그리하는 편이 낫다. 사회가 하느님 때문에 불편해지는 걸 싫어한다면, 이는 세속주의·냉소주의·쾌락주의·유물론·소비만능주의 그리고 무엇보다 '상대주의'에 물들어 쇠약해졌다는 뜻이다. 그에게 상대주의는 종교의 가장 큰 적이었다. 모든 것에 차이가 없다면 초월성이나 진리는 존재하지 않는다. 각자가 자신의 척도가 되고 도덕이 흔들린다. 삶은 의미를 상실한다.

라칭거는 '하느님 의미'의 상실이 두 가지 점에서 유감스러웠다. 우선 그것은 유럽의 정수를 형성한 그리스도교 가치들을 평가절하할 위험이 있었다. 타인을 존중하고 법 앞에서 평등하며 문화적·정치적 다원주의를 인정하고 적을 용서하는 것 등이 바로 그런 가치들이다. 독일 통일, 발칸 전쟁, 체첸 참극의 시대에 이 모든 것은 공허한 이론이 아니었다. 요한 바오로 2세는 1985년 브뤼셀의 유럽 공동체 본부에서 "자신의 역사를 통해 교훈을 얻은 그리스도교는 세상 사람들에게 분열이 극복될 수 있다고 말할 수 있다"[4]고 주장했다. 교황만큼이나 열정적이었던 라칭거 추기경은 "전후 유럽의 르네상스는 강력한 그리스도교적 확신을 지녔던 슈만,[5] 아데나워,[6] 드골,[7] 데 가스페리[8] 같은 정치가들 덕분에 가능했다"[9]는 점을 상기시켰다.

더 큰 문제가 있었다. 하느님을 배제하는 사회는 인간존재를 위험에 빠뜨린다는 것이었다. 2001년 4월, 파리 노트르담 주교좌성당에서 행한 사순절 강연에서 라칭거는 아우

---

4 1985년 5월 20일 브뤼셀에서.

5 모리스 슈만(Maurice Schumann, 1911~1998)은 프랑스의 정치가로 제2차 세계대전 이후 프랑스의 부흥을 위해 노력했으며, 외무장관과 상원 부의장을 역임했다 — 역자 주.

6 콘라드 아데나워(Konrad Adenauer, 1876~1967)는 제2차 세계대전 후 독일연방공화국 초대 총리를 역임했다. 1963년 총리직에서 물러날 때까지 '라인강의 기적'이라 불리는 경제 부흥을 이룩했다 — 역자 주.

7 1959~1969년 프랑스 대통령을 역임한 샤를 드골(Charles de Gaulle, 1890~1970)은 1962년 4월 국민투표를 통해 알제리 독립을 통과시킴으로써 7년 넘게 끌어 온 알제리 전쟁을 평화적으로 해결했다 — 역자 주.

8 1945년 총리로 선출된 데 가스페리(Alcide De Gasperi, 1881~1954)는 이탈리아를 친(親)서방국가로 만드는 데 기여했다 — 역자 주.

9 2004년 8월 13일 『르피가로 마가진』(*Le Figaro Magazine*)과의 인터뷰.

구스티누스를 인용하면서, "하느님이 계시지 않는 곳에 지옥이 있다"고 주장했다. 교황과 라칭거는 이 점에서 얼마나 자주 일치되었던가! 나치즘과 공산주의가 무엇보다 하느님이 존재하지 않는 사회를 건설하려 했고, 그런 목적을 가진 20세기 이데올로기들이 인류를 쇼아*Shoah*[10]와 강제수용소로 몰고 갔다는 사실을, 두 사람은 원색적 표현을 쓰지 않고도 동시대 사람들에게 충분히 상기시켰다. 선종 두 달 전에 출간된 요한 바오로 2세의 마지막 저서에는 이런 내용이 분명히 포함되고 있다.[11]

추기경의 비관론

요한 바오로 2세와 요제프 라칭거 사이에도 차이는 있다. 애당초 대수롭지 않았으나 그 차이는 갈수록 선명해졌다. 스스로 인정하든 말든 폴란드인 교황은 '정치가'였다. 그에게는 비전이 있었고, 하나의 전략을 추진했으며, 옹호할 수 없거나 시대에 뒤진 태도는 고집하지 않았다. 25개 회원국이 로마에서 유럽 헌법 조약문 초안을 조인하기 직전인

---

10 제2차 세계대전 중 나치 독일이 저지른 유대인 대학살을 일컫는 히브리어로, 본디는 '재난, 절멸'을 뜻한다. 통상 그 학살을 '홀로코스트'(Holocaust)로 불렀는데, 이는 그리스어로 고대 이스라엘에서 동물을 통째로 불태워 하느님께 바쳤던 번제를 의미한다. 최근 이 용어의 적절성 문제가 제기되다가, 1985년 프랑스의 영화감독 클로드 란즈만(Claude Lanzmann)이 556분짜리 영화 「쇼아」를 만들면서 프랑스를 중심으로 이 용어가 널리 통용되고 있다 — 역자 주.

11 *Mémoire et identité*, Flammarion, 2005.

2004년 10월 28일, 교황은 바티칸에서 로마노 프로디Ro-
mano Prodi를 접견했다. 그 자리에서 교황은 헌법 초안에 유
럽의 그리스도교적 유산이 언급되어 있지 않다고 신랄하게
비판했지만 여전히 긍정적인 태도로 이렇게 말했다. "그리
스도교는 유럽 민족의 공통된 의식 형성과 문화 창달에 크
게 공헌했다. 공식 문서가 이 점을 인정하든 말든 이는 어떤
역사가도 잊지 못할 명백한 역사적 사실이다." 아울러 교황
은 유럽 지도자들에 대한 자신의 소망과 신뢰를 표명했다.

　이 문제에 관한 한 라칭거 추기경은 융통성이 덜했다. 그
가 무엇보다 우위에 둔 것은 바로 진리였다. 진리는 심각한
상태에 있었다. 강연과 저서에서 그는 마음과 펜을 숙명론
에 맡겼다. 벌써 싸움에 진 것 같은 태도였다. 1991년 라칭
거는 저서 『유럽의 전환점?』[12]에서 마약과 테러리즘의 위협
에 불가지론적·유물론적 태도로 일관하는 유럽 사회의 '종
교의 점진적 해체'를 우려하면서, 도덕의 부재는 '죽음의 문
명이 전염병처럼 확산'되는 상황을 예고하는 것이라고 주장
했다. 그는 '유럽 문명 자체도 사라질 수 있다'고 생각했고,
나아가 인간 자체의 '해체'마저 서슴없이 예언했다.

　그해 4월 '생명의 존엄성에 대한 침해'와 관련된 주제들을
논의하기 위해 전체 추기경단 회의가 로마에서 열렸다. 라
칭거 추기경은 회의장이 발칵 뒤집어질 만큼 훌륭한 연설을

---

12 원제는 *Wendezeit für Europa*다. 프랑스어본은 1996년 플라마리옹·
생오귀스탱(Flammarion/Saint-Augustin) 출판사에서 출간되었다.

했다.[13] 무능 때문에 나치즘을 초래한 바이마르 공화국을 예로 들면서 연사는 경종을 울렸다. 관용이라는 미명하에 상대주의가 사회 규범으로 인정될 경우, 전체주의는 더 이상 절대적일 수 없는 권리를 침해할 유리한 조건을 얻는다는 것이었다. 이어서 그는, 허무주의와 무관심이 사회를 지배할 때 생명 자체가 심각한 위험에 처한다고 강조했다. 이 우울한 분석에 깊은 인상을 받은 112명의 추기경들은 요한 바오로 2세에게 회칙을 공포할 것을 요청했다. 1995년 3월, 회칙 「생명의 복음」*Evangelium Vitae*이 공포되었다. 눈썰미 있는 사람들은 그 회칙에 심각하고 절망적인 논조가 더러 눈에 띄는 것에 놀란다. 교황이 세속주의, 공리주의, 물질주의, '도덕적 상대주의' 때문에 약화된 우리 민주주의 사회에서 승리를 구가하는 '죽음의 문화'를 비난했을 때 특히 그랬다. 물론 그 회칙에서 요제프 라칭거의 영향력을 읽어 내기 위해 누구나 전문가일 필요는 없었다.

절망적 투쟁

많은 책을 쓴 추기경은 정기적으로 주제들을 재검토했다. 그가 구사하는 용어는 대개 강렬하다. 1992년 11월 6일, 라칭거 추기경은 안드레이 사하로프Andreï Sakharov가 회장으로 있는 파리의 '윤리 및 정치학 아카데미' 초대 석상에서, "국

---

13 1991년 4월 4일. 참조: *La Documentation catholique*, n° 2028, 19 mai 1991.

가의 경우, 그 역사의 윤리적 · 종교적 영향력을 단절하는 것은 결국 자살 행위다!"라고 맹공을 퍼부었다. 10여 년 후 요한 바오로 2세를 계승할 운명에 놓일 바로 그즈음, 세 권의 책이 출간되었는데, 다른 책들에 비해 훨씬 절망적인 내용의 강연 모음집이었다. 2004년에 이탈리아어로 출간된 『유럽의 토대, 그 오늘과 내일』[14]은 콘클라베 직후에 프랑스어 번역본이 나왔다. 이 책에서 전임 신학 교수는 스스로 역사가 · 철학자 · 사회학자의 입장이 되어 '유럽이란 무엇인가?'라는 질문에 답하고 있다. 아우구스티누스의 제자이자 독일 민족의 아들인 그의 진단은 명쾌하지만 비관적이다. 그는 "신성불가침의 도덕적 가치를 거부하면 유럽의 양심은 자멸한다"고 진단한 후 이렇게 결론내린다. "유럽이 존속하기를 원한다면 자신을 새롭게 인정해야 할 것이다."

2005년 봄 로마에서 출간된 『위기의 시대의 가치』[15]에서 라칭거 추기경은 비관적 진단을 심화시켰다. "유럽에는 독특한 증오가 존재한다. 그래서 비정상적인 판단만 난무한다: … 유럽의 역사는 공포심과 파괴의 역사다. … 유럽에는 미래에 대한 이상한 혐오감이 존재한다. 그래서 어린이들은 현재에 대한 위협이자 한계로 비춰진다." 라칭거 추기경은 또 이렇게 단언한다: "유럽은 내면적으로 공허해진 것 같다.

---

14 *Europa, I suoi fondamenti oggi e domani*, Milano: San Paolo, 2004.

15 원제: *Werte in Zeiten des Umbruchs*. 프랑스어본은 2005년 봄 스위스의 Parole et Silence 출판사에서 출간되었다.

유럽은 하느님 없는 세계에는 미래도 없다고 확신하는 세계의 모든 문화에 대해 극도로 이질감을 느낀다."

2005년 6월 칸타갈리 출판사는 마르첼로 페라Marcello Pera 이탈리아 상원 의장의 서문이 실린『문화적 위기에 직면한 베네딕도의 유럽』[16]을 출간했다. 이 책에서 라칭거 추기경은 공적 양심에서 하느님을 배제시킨 대륙은 인류 역사상 유럽이 '최초'라고 비꼬았다. 또한, 유대인이나 무슬림조차 유럽의 '그리스도교적 뿌리'에 대해 이의를 제기하지 않는다는 사실과, '계몽주의' 문화는 유럽의 새로운 정체성을 형성시킬 수 없고, 뿌리가 다른 터키는 유럽연합에 가입할 자격이 없다는 점을 지적했다.

문제는 터키였다! 라칭거 추기경은 유럽연합의 확대(2004년 5월)와 헌법 조약문 초안과 관련된 프랑스의 논쟁(2005년 5월)을 계기로 수차례에 걸쳐 터키 문제를 제기했다. 2004년 8월 루르드 방문 중 그는 「르피가로」지에 자신의 의견을 노골적으로 피력했다. "역사적으로나 문화적으로 터키는 유럽과 공유하는 바가 거의 없다. 터키의 유럽연합 가입은 중대한 오류다. 터키는 유럽과 아랍 세계의 가교 역할을 하는 편이 더 낫다. 터키의 뿌리는 이슬람이다. 터키는 그리스도교적 뿌리를 가진 세속 국가 공동체인 유럽과 매우 다르다."

---

16 원제: *L'Europa di Benedetto nella crisi delle culture.* 시에나의 칸타갈리(Cantagalli) 출판사는 제목을 '문화의 위기'(*La Crise des cultures*)로 정하려 했으나 베네딕도 16세가 교황으로 선출되자 제목을 수정했다.

추기경단 수석 추기경(라칭거)은 소신을 굽히지 않았다. 요한 바오로 2세의 건강이 악화되자 그의 승계가 임박했음을 알리는 공론이 고개를 들기 시작했다. 라칭거는 유럽 헌법에서 종교적 언급을 배제하고 터키에게 유럽연합의 문호를 개방하려는 움직임을 꾸준히 비난하고 있었다. 2004년 10월 그의 불길한 예언을 확인시키는 의외의 사건이 터졌다. 이탈리아 정부가 유럽의회 의원으로 임명한 기민당 소속의 장관이자 철학자인 교황 측근 로코 부틸리오네Rocco Buttiglione는 충실한 가톨릭 신자 입장에서 성경에 입각하여, 고지식하게도 동성애가 '죄악'이라는 견해에 동의한다고 말해 버렸다. 언론계가 소송을 제기했다. 편집진이 항의했고 (유럽의회) 회의장은 분노로 술렁거렸다. 언론계와 좌파 유럽의회 의원들의 끈질긴 압력으로 유럽연합 집행위원장 호세 마누엘 바로소José Manuel Barroso는 한발 물러나 불쌍한 부틸리오네를 '정치적 정의'의 제단에서 희생시켜야 했다.

요제프 라칭거에게 그 분쟁은 상징적 가치가 있었다. 가톨릭 철학자이자 요한 바오로 2세의 친구인 인물이 자신의 종교적 확신 때문에 유럽 정부로부터 공개적으로 축출되었다는 것은 바로 유럽이 자아 상실의 길로 나아가고 있음을 입증하는 것이었다.

2005년 4월 2일 토요일 저녁 9시 37분, 요한 바오로 2세는 사도궁 3층 자신의 방에서 조용히 선종했다. 측근들이 교황의 임종을 지켰다. 두 명의 비서관 스타니스와프 지비시Stanislaw Dziwisz(그는 끝까지 교황의 손을 잡고 있었다)와 미에치스와프 모크르지키Mieczyslaw Mokrzycki, 세 명의 고위 성직자 마리안 야보르스키Marian Jaworski, 타데우츠 스티첸Tadeusz Styczen 및 스타니스와프 릴코Stanislaw Rylko, 그리고 1978년 교황이 된 이래 줄곧 그를 보살펴 온 예수성심의 작은 수녀회 수녀들이었다. 다들 교황과 친한 폴란드인이었다. 대동한 충직한 교황 개인 주치의 레나토 부초네티Renato Buzzonetti도 소수의 의료진과 함께 현장을 지켰다. 물론 형식에 지나지 않았다. 더는 할 일이 없다는 것을 다들 알고 있었다. 한 시간 앞서 거행된 미사 중에 교황은 병자성사를 받았다. 한 달 전부터 전 세계 언론에 기삿거리를 제공하여 열광시켰던 교황의 최후는 그렇게 막을 내렸다. 카롤 보이티야는 기도하는 그의 '가족'에 둘러싸여 평화롭게 선종했다.

부초네티가 사망을 공식 확인하자, 지비시는 국무원장 안젤로 소다노A. Sodano 추기경, 교황궁무처장 마르티네즈 소말로Martinez Somalo 추기경, 국무차관 레오나르도 산드리L. Sandri 대주교를 방으로 들게 했다. 산드리 대주교는 성 베드로 광장에 운집하여 기도를 바치던 군중들에게 선종 소식을 전했다. 그때 고위 성직자 둘이 합류했는데, 고인의 오랜 친구 톰코J. Tomko 추기경과 추기경단 수석 추기경 요제프 라칭거였다. 그날 라칭거는 교황의 방에 들어간 두 번째 사람이었다. 아침에 그는 친구의 침대 머리맡을 지켰다. "교황은 자신이 죽어 가고 있음을 알고 내게 마지막 인사를 했다." 이렇게 전하면서 라칭거는 감정을 숨기지 않았다.

피해 갈 수 없는 입장에 처한 라칭거

교황의 선종과 함께 바티칸 전통에 따라 교황청의 모든 추기경이 직무를 사임했지만, 후속 직무를 처리해야 할 궁무처장과 추기경단 수석 추기경은 예외였다. 수석 추기경의 첫째 임무는 모든 추기경을 지체 없이 로마로 소집하는 일이었다. 더러는 이미 현장에 있었다. 브뤼셀 대교구장 고드프리드 다닐스Godfried Danneels 추기경은 비행기를, 빈 대교구장 크리스토프 쇤보른 추기경은 야간열차를 타고 왔다. 목적은 첫 총회 참석이었다. 회의는 매일 열릴 것이었다. 선거권이 있든 없든 모든 추기경이 모여 장례예절을 계획하고 콘클라베를 준비해야 했다. 회의는 성청 건물 뒤편 시노드 홀에서 10시부터 열렸으며, … 라칭거 추기경이 주재했다. 추기경단 수석 추기경은 온갖 민감한 사안의 중재자이자 조정자 역할을 훌륭하게 수행했다.

라칭거 추기경은 어디에나 있었다. 4월 8일 금요일, 세계 각지에서 모인 수많은 추모객 앞에서 전 추기경단과 더불어 장례미사를 집전한 사람도 바로 그였다. 그 예식에는 네 명의 왕, 다섯 명의 왕비, 70명의 국가원수 및 정부 수반과 2,500명의 귀빈뿐 아니라 3,500명의 유명 언론인이 참석했다. 2백만 명의 순례자가 로마 곳곳에 설치된 30여 개의 대형 화면으로 장례예식을 지켜보았다. 전 세계 10억 이상이 중계방송을 시청했다. 중국은 예외였다. 성대한 장례예식과 언론의 과장된 보도가, 대성전 앞에 모셔진 교황의 소박한 실편백나무 관과 대조를 이루었다. 무심한 바람이 나무 관 위에 펼쳐진 복음서의 책장을 넘기고 있었다.

이처럼 거창한 장례식 와중에도 라칭거 수석 추기경은 편안해 보였다. 감동 속에서도 조용하고 강건한 모습이었다. 그는 부활하신 예수님께서 베드로에게 하신 말씀인 "나를 따라라!"(요한 21,19)를 주제로 강론했다. 이는 사제·추기경·교황으로서 카롤 보이티야가 해 온 활동을 이해하는 데

필수적인 열쇠였다. 라칭거는 인상적인 비유로써 강론을 마무리했다. "우리가 가장 사랑하는 교황님은 이제 아버지 집 창가에 있습니다. 그분은 우리를 보고 계시며, 우리를 축복하고 계십니다." 미사 집전자는 선종한 교황이 벌써 하느님 오른편에 계심을 암시하려 했던 것일까? 군중 속에서 갑자기 '즉시 시성을!'SANTO SUBITO!이라고 적힌 현수막이 등장했다. 군중 속에 섞여 있던 수백 명의 포콜라레Focolare[1] 활동가들도 그렇게 외쳤다. 선종한 교황을 즉시 성인품에 올리라는 것이었다! 요한 바오로 2세의 장례식이 끝나지도 않았는데 벌써 시성운동이 시작된 것이었다.

교황 후보의 면면들

4월 11일 월요일부터 총회의 어조가 달라졌다. 추기경들은 주제의 핵심을 파고들었다. 전 세계에서 눈부시고 열렬한 대중적 존경을 받았던 비범한 교황 요한 바오로 2세를 누가 승계할 것인가 하는 문제였다. 아침마다 열리는 회의에서 참석자들은 각자 8분 동안 자신의 생각을 발표할 수 있었다. 거명은 하지 않고 선출에 관한 자신의 관점만 피력하는 것이 전통이었다.

카를로마리아 마르티니Carlo-Maria Martini 추기경도 발언권을 포기하지 않았다. 지금은 은퇴한 이 밀라노의 전임 대교

---

1 1943년 키아라 루빅(Chiara Lubich)이 창설한 중요한 평신도 운동.

구장은 여전히 교회의 '스타들' 중 한 사람이었다. 그럴 수도 있고 아닐 수도 있지만, 이 예수회원은 개혁주의자들의 태두로 여겨졌다. 그래서 라칭거 같은 보수주의자가 선출되는 것에 대한 일종의 잠재적 대안이었다. 얼마 전 개최된 시노드에서 '제3차 바티칸 공의회'라는 아이디어를 낸 바 있는 마르티니 추기경은 오랫동안 교회의 지배권에 대한 개혁을 강조해 온 사람이었다. 그는 지배권의 탈중앙집권화를 원했고 도덕 관련 주요 서류들을 좀 더 자유롭게 관리할 것을 강조했다. 그런 견해는 계획이라기보다 차라리 유언에 가까웠다. 이미 일흔여덟의 고령에다 파킨슨 병으로 고생하고 있어서 교황이 될 수 있는 인물이 아니었다. 그의 주장은 사막에서 설교하는 것이나 마찬가지였다.

공식 회합에서 교황 후보를 거명하지는 않았다 하더라도, 추기경들이 하루의 나머지 시간 동안 보르고 피오의 식당이나, 그들이 묵고 있던 미국·프랑스·벨기에 신학원이나 수도회의 검소한 응접실에서 계획과 전략을 수립하는 일까지 포기한 것은 아니었다. 그러나 표면적으로는 전원 합의로 채택한 라칭거의 함구령을 준수하고 있었다. '언론에는 절대 말하면 안 됨!' 각국 언론사 특파원들에게는 경악스럽고도 언짢은 일이었다. 아무리 수다스러운 추기경이라도 이런 '라칭거다운' 강요를 방패로 언론의 요구를 뿌리치곤 했다. 실망한 외교관과 언론인들은 각국 대사관 사무국이 주최하는 로마 시내의 만찬장에서 새나는 최소한의 비밀이라도 주워

들으려 애썼다. 아니나 다를까 물망에 오른 몇몇 후보의 이름이 꼬리를 물고 돌아다니는 것이었다. 이름하여 온두라스의 마라디아가Maradiaga, 브라질의 후메스Hummes, 아르헨티나의 베르골리오Bergoglio, 아프리카의 아린제Arinze, 이탈리아의 스콜라Scola, 테타만치Tettamanzi, 안토넬리Antonelli 등이었으며, 물론 독일의 라칭거도 있었다.

가장 많이 회자된 추기경단 수석 추기경에 논평이 집중되었고 언론의 반응도 뜨거웠다. 「코리에레 델라 세라」*Corriere della Serra*에 기고한 이탈리아인 루이지 아카톨리Luigi Accatoli에서부터 「르몽드」에 기고한 프랑스인 앙리 탱크Henri Tincq에 이르기까지 신중한 바티칸 전문가들은 바이에른 출신 추기경의 교황 피선을 거의 필연이라 여기고 있었다. 그러나 신중해야 했다! "콘클라베에 교황으로 들어간 사람이 추기경으로 나오기도 하고 그 반대가 되기도 한다"라는 로마의 옛 격언을 잊은 사람은 없었다! 그럼에도, 요한 바오로 2세의 후계자 선출에 이르는 각 단계를 거꾸로 거슬러 올라가 보면, 그들이 옳았음이 드러난다.

모든 추기경이 다 요제프 라칭거에게 우호적인 것은 아니었지만, 그는 분명히 광범위한 존경을 받고 있었다. 26년 동안 텔레비전에 등장하고 세계적으로 카리스마를 행사했던 요한 바오로 2세의 선종 소식이 매스컴을 타고 급속도로 전파되었으므로, 교황 후보자는 갈피를 못 잡고 있는 추기경들에게 자연스럽고 무게 있는 권위로 다가가야 했다. 라칭거는 깊은 인상을 주었다. 더욱이 그는 1978년 미국인 윌리엄 봄William Baum과 함께 두 차례 콘클라베를 경험한 유일한 유권자 추기경이었다.[2] 그는 모두를, 모두는 그를 알고 있었다. 심지어 그의 비판자들조차도 그가 개방적이고 관대하며 훌륭한 신학자라는 점과, 그가 상황을 완벽하게 장악하고 있다는 점을 인정했다. 4월 13일 수요일, 각국 조문 사절들을 의연하게 접견한 사람도 바로 그였다. 언론에서는 4월 16일 토요일의 마지막 총회 때 추기경들이 수석 추기경의 생일을 축하했다는 사실만 강조했다. 라칭거는 짐짓 이 부담스러운 현실에 대해 별 열의가 없는 듯 보였다.

78세의 교황? 교황으로 선출될 때 카롤 보이티야는 58세였다. 무려 스무 살이나 젊었다! 라칭거의 선출 가능성에 나이가 큰 장애였다. 특히 프랑스와 독일 교회가 부정적인 반응을 보인 것도 그런 이유에서였다. 정통한 소식통 「라레푸블리카」*La Repubblica*지는 4월 13일 자 기사에서, "독일 추기경 여섯 중 다섯"이 라칭거의 입후보를 명백히 반대하고 있다고 주장했다! 그 '유럽적인' 고위 성직자들에게서 나타나는 역설은 대부분의 유럽 주교단이 그를 보편적 목자로 선출하는 것을 원하지 않는다는 것이었다. 사실, 콘클라베의 과반수가 비유럽 추기경이었다. 59대 58,[3] 교회 역사상 처음이었다.

---

2 필리핀의 하이메 신(Jaime Sin) 추기경도 이 경우에 해당되지만 건강상의 이유로 불참했다.

"교회 안에 얼마나 오점이 많습니까!"

4월 17일 일요일 오후, 성 베드로 대성전 좌편 바오로 6세 홀 철문으로 추기경들이 한 사람씩 모습을 드러냈다. 한 손에는 가방을, 다른 손에는 우산을 들었다. 그날따라 비가 억수같이 쏟아졌다. 그들은 성녀 마르타 숙소로 향했다. 그들은 제비를 뽑아 106개의 스위트룸이나 23개의 방에 묵게 될 것이었다. 텔레비전 시청과 전화 사용이 금지되었다(휴대전화 전파 방해 시스템도 있었다). 그리하여 훗날 프랑스인 추기경 폴 푸파르가 말했듯이, "다들 엄숙하고 차분한 저녁 시간을 함께할" 수 있었다.

다음 날 아침 성 베드로 대성전에서는 교황 선출 장엄미사가 거행되었다. 미사는 선거권이 있는 115명의 추기경들이 라틴어로 공동 집전했다. 투표에 참가할 수 없는 80세 이상의 추기경들은 신자석이 있는 중앙 홀 입구에 따로 자리했다. 늘 그랬듯이 추기경단 수석 추기경이 그 장엄한 예식을 주례했다. 자신이 중요한 순간을 살고 있음을 의식한 교회 인사들은 막중한 책임을 느꼈다. 요한 바오로 2세의 계승자 선출은 장기적으로 교회의 미래가 걸린 일이었다.

바로 그 순간, 라칭거 추기경은 강론을 통해 일종의 신앙 고백을 했다. 그것은 전 세계로 전파되었다. "… 우리는 지

◀3 선거권을 가진 115명의 추기경 가운데 라틴아메리카 추기경 21명, 북아메리카 추기경 14명, 아프리카와 아시아 추기경 각각 11명으로 비유럽 출신 추기경이 57명이었다. 58명의 유럽 추기경들 중 20명이 이탈리아, 5명이 프랑스인이었다.

난 몇십 년 동안 얼마나 많은 교의敎義의 풍파를 경험했습니까! 또 얼마나 많은 이데올로기가 난무했으며, 얼마나 많은 사상이 유행했습니까! 그리스도교 사상이라는 작은 배는 몇 번이고 풍랑에 요동치면서 이쪽 끝에서 저쪽 끝으로 표류했습니다. 마르크스주의에서 자유주의, 심지어 무종교주의로 내던져졌으며, 집단주의에서 급진적 개인주의로, 무신론에서 모호한 종교적 신비주의로, 불가지론에서 혼합주의syncretism로 떠돌았습니다. 이런 현상은 계속되고 있습니다. … 확고한 믿음으로 교회의 신경信經을 따르는 것은 많은 경우 근본주의로 치부되었습니다. 마치 상대주의, 이른바 각종 교의의 유행에 휩쓸리게 내버려 두는 일만이 현대에 어울리는 태도인 양합니다. 결정적인 것은 아무것도 없다면서 오직 자신의 자아와 욕망만을 궁극 척도로 내세우는 '상대주의의 절대 권력'을 새롭게 만들어 내는 이들도 많습니다. … 성숙한 신앙은 유행이나 첨단 사조를 따르지 않습니다!"

발언은 강경했고 어조는 단호했다. 카밀로 루이니Camillo Ruini 이탈리아 주교회의 의장을 비롯한 몇몇 보수파 추기경이 갈채를 보냈다. 다른 추기경들은 충격을 받았다. 대부분 요제프 라칭거의 비관론을 알고 있었다. 2월 24일, '친교와 해방' 운동 설립자 루이지 주사니의 장례미사에서, 이미 그들은 라칭거가 현대를 "유혹과 오류로 가득 찬 … 어두운 골짜기"로 묘사하는 것을 들었다. 콜로세움에서 열린 성주간 묵상에서 그들은 라칭거의 극적인 기도에 강한 인상을 받았다. "… 교회 안에, 특히 전적으로 교회에 속해 있다고 확신하는 성직자들에게 얼마나 오점이 많습니까! 오만과 자기만족이 얼마나 많습니까! … 주님, 당신의 교회는 침몰 직전의 작은 배, 도처에 물이 새는 작은 배와 같습니다. … 당신 교회의 겉모습과 더러워진 얼굴로 인해 우리가 두렵습니다! … 당신 교회를 구원하시고, 교회를 거룩하게 하소서!"

한 미국인 수사는 프랑스프레스France-Presse 통신과의 인터뷰에서 이렇게 말했다. "나는 교황 라칭거를 좋아하지 않을 것입니다. 그러나 그가 매우 훌륭한 강론을 했다는 사실은 인정해야 합니다!" 공감하는 추기경이 적지 않았다.

콘클라베 무대 뒤편

몇 시간 후 선거권을 가진 추기경들이 「모든 성인의 호칭 기도」와 「오소서, 성령이여」를 노래하면서 시스티나 경당에 입장했다. 오후 4시 30분이었다. 수석 추기경의 인도로 추기경들은 번호가 붙은 자기 자리를 찾아 책상 위에 붉은 모자와 녹색 서류철을 올려놓았다. 서류철에는 교황 선출 규정을 상세하게 설명한 교서 「주님의 양 떼」*Universi Dominici gregis*가 들어 있었다. 정면에는 미켈란젤로의 「최후 심판」이 상징적 경고처럼 한눈에 들어왔다. 서약하기 전, 수석 추기경은 침묵 기도를 인도했다. 이윽고 115명의 교회 최고 지도자들은 '로마 교황 선출과 관련된 모든 일'을 비밀에 붙일 것을 서약한 후 복음서에 손을 얹고 그 서약을 확인했다. 이

제 우발적인 비밀 누설도 파문 사유가 될 것이다.

곧이어 예식 책임자 피에로 마리니Piero Marini 대주교가 '전원 퇴장'Extra omnes을 명했다. 콘클라베와 상관없는 사람들은 모두 그 자리를 떠나라는 명령이다. 추기경들은 '개표인'(투표 준비와 진행), '병자 집표인'(혹시 있을지 모르는 환자 표 수거) 및 '검표인'(득표수 집계)을 추첨으로 선임한다. 각 투표마다 추기경들은 '엘리고 인 숨뭄 폰티피쳄 …'(Eligo in Summum pontificem …, '나는 ~를 교황으로 선출한다')이라고 쓰인 투표지에 후보 이름을 기입한다. 투표 과정은 단순하다. 후보 이름을 써넣는 것 외에 다른 할 일은 없다.

그날 오후 늦게 성 베드로 광장에는 수많은 군중이 운집했고, 수천 명의 기자(CNN에서만 200명의 특파원을 파견했다)가 자리를 지키고 있었다. 시스티나 경당 굴뚝에서 단번에 흰 연기가 피어오르리라고는 아무도 기대하지 않았다. 전통적으로 제1차 투표는 일종의 여론조사로, 특정 인물의 인기도와 혹시 있을지도 모를 추기경단 내의 세력 구도를 점검하는 절차였다. 기적이 일어나지 않는 한, 첫 투표에서 투표자의 2/3에 해당되는 77표를 획득할 교황 후보자는 없었다.

개표가 이루어졌다. 요제프 라칭거는 47표를 획득했다.[4] 전문가들의 예상은 대체로 들어맞았다. 놀랄 일은 따로 있

---

4 경솔하게도 한 추기경이 루치오 브루넬리(Lucio Brunelli) 기자와 전화 통화를 하면서 관련 사항을 자세히 밝히고 말았다. 브루넬리는 이탈리아 잡지 *Limes*에 관련 기사를 게재했다. 바티칸의 거의 모든 구성원이 이 폭로를 매우 그럴듯하다고 생각했다.

었다. 마르티니라는 상징적인 이름에 표가 제법 몰릴 것으로 예상되었으나 결과적으로 9표를 얻는 데 그쳤다. 선출되었더라도 그 밀라노 추기경은 고사했을 것이다. 이를 안 지지자들은 선택을 달리했다. 아르헨티나의 예수회원 호르헤마리아 베르골리오Jorge-Maria Bergoglio가 10표를 얻어 2위를 차지했고, 다른 30표는 여러 인물들에게 분산되었다.

그날 저녁, 성녀 마르타 숙소에서 식사를 하면서, 그리고 그 후에까지 갖가지 해설이 분분히 오갔다. 규칙에 따라 누구나 알아들을 수 있을 만큼 크고 분명한 소리로 말했다. 작게 수군대는 것은 금지되어 있었다! 호르헤마리아 베르골리오는 잘 알려진 인물이었다. 그는 교황에 선출될 가능성이 있는 인물 명단에 대부분 포함되어 있었다. 이 69세의 부에노스아이레스 대교구장은 이탈리아 이민자의 아들로, 훌륭한 품성을 지닌 엄격한 인물이었다. 생활은 검소했으며, 부에노스아이레스의 도시 빈민들과도 친했기 때문에 대중적 인기도 있었다. 그는 제3세계 문제에 주목했지만, 동시에 교의의 엄격성도 중시했다. 따라서 그를 개혁주의자로만 규정할 수는 없다. 그리고 교황이 되지 마란 법이 있는가? 전 세계 가톨릭 신자의 40%를 점하는 라틴아메리카가 언젠가는 그렇게 할 수 있을 것이다 ….

4월 19일 화요일, 아침나절에 두 차례 투표가 예정된 시스티나 경당으로 추기경들이 돌아왔다. 라칭거가 전날보다 표를 덜 얻는다면 그에게는 마지막이 될 것이었다. 보수 진영은 대안을 찾아야 했다. 63세의 안젤로 스콜라Angelo Scola 베네치아 총대주교를 염두에 두고 있는 추기경들이 많았다. 그는 분명 과반수 이상을 결집시킬 수 있을 것이었다. 그러나 예상은 빗나갔다. 라칭거 65표, 베르골리오 35표였다. 두 사람에게 더 많은 표가 쏠린 것이다! 이들이 선출될 가능성이 3차 투표로 확실히 입증되었다. 라칭거 72표, 베르골리오 40표였다. 라칭거는 2/3에 육박했지만, 베르골리오는 1/3 선에서 동결되었다.

콘클라베는 정치적 선거가 아니다. '후보자 없이, 강령 없이, 선거운동 없이' 이루어지는 이 투표의 목적은 다른 사람에 반대되는 한 사람을 선출하려는 것이 아니라, 교회 전체를 이끌어 갈 가장 능력이 있는 인물을 지명하는 것이다. 그런 까닭에 라칭거에게 적대적이던 일부 추기경도 조금씩 그에 동조했다. 그는 분명 '보수주의자'에 가깝지만, 이미 콘클라베에서 과반수의 신임을 얻지 않았는가? 선종한 교황과 연속성을 구현하지 않았던가? 최근 며칠 동안 대화·중용·권위 등의 품성도 증명되지 않았던가? 교회를 이끌어 갈 능력을 보여 주지 않았던가?

이번 투표에서 요제프 라칭거는 일이 어떻게 돌아가고 있는지 눈치 챘다. 그래서 자신이 선출되지 않도록 해 달라고 기도했다! 며칠 후 독일인들의 교황 알현 석상에서 그는 이렇게 말했다. "더 젊고 훌륭한 후보자들이 있었습니다. 내 생의 과업이 끝나서 조용히 지낼 수 있는 몇 해가 나를 기다리고 있다고 생각했습니다. … 투표가 서서히 진행되면서 '단두대가 가까이 다가왔다'는 사실을 알았을 때, 나는 이 운명을 면하게 해 주시도록 주님께 간청했습니다. 그러나 이번에는 주님이 나의 기도를 들어주시지 않으셨습니다!" 그 자리에서 그는 일화를 하나 소개했다: 콘클라베에서 한 추기경이 쪽지를 건넸는데, 그 쪽지는 자신이 전임 교황의 장례미사 강론 주제로 택한 말씀 '나를 따라라!'를 상기시켜 주었다. 쪽지에는 이렇게 적혀 있었다. "당신이 강론에서 한 그 말을 기억하시오. 그리고 거부하지 마시오."

점심 식사 후의 4차 투표는 만족스러웠다. '라칭거'라고 적힌 투표지가 77표까지 집계되자 모두 기립박수를 보냈다. 개표가 완료되었다. 84표! 또 한번 기립박수가 터졌다. 미사가 봉헌되었다. 베르골리오는 26표로 줄었다.[5] 그 아르헨티나 추기경이 휴식 시간에 자신의 고사를 암시하는 신호를 보냈을 것이라 말하는 사람도 있다. 그래서 라칭거 후보 지지안이 '개혁주의' 진영에서 받아들여졌다는 것이다. 웨스트민스터Westminster 대교구장 코맥 머피 오코너 추기경에 따르면, 개혁주의자들은 불확정적 유보 사항에도 불구하고 '생각을 바꾸어 최종적으로 그를 지지하는 것이 교회 일치를 위해' 더 바람직하다는 결론을 내렸다고 한다.[6] 양측 사이에 모

---

5 『파리 매치』(*Paris Match*)의 카롤린 피고치(Caroline Pigozzi)에 따르면 마지막 투표에서 유효표는 112표였다. 라칭거와 더불어, 벨기에의 다닐스(Danneels) 추기경과 영국의 코맥 머피 오코너(Cormac Murphy O'Connor) 추기경도 기권했기 때문이다.

종의 협상이 있었는가? 알 수 없는 일이다. 라칭거와 마르티니가 점심시간에 장시간 대화를 나누는 것을 본 사람들도 있다고 한다. 한 목격자는 이렇게 증언한다. "그 두 사람은 서로를 높이 평가하며 존중한다. 우리는 마르티니가 교황직의 큰 방향에 관련된 몇 가지를 보장받는 조건으로 자신의 지지자들을 라칭거에게 돌렸을 것이라 상상해 봄직하다."[7]

"우리는 교황을 선출했습니다!"Habemus papam!

교황으로 선출된 인물이 추기경단 수석 추기경이었으므로, 규정에 따라 안젤로 소다노 차석 추기경은 그가 선출을 받아들일 것인지 공식적으로 질문했다.

— 교회법에 따라 당신이 교황으로 선출되었음을 받아들입니까?

— 성령과 추기경들의 투표에 순명하여 나는 '예'라고 대답합니다.

— 어떤 이름으로 불리기를 원합니까?

— 베네딕도 16세입니다.

몇 분 후 전 세계 언론이 전날부터 주시하던 시스티나 경당 지붕의 좁고 고풍스러운 굴뚝에서 연기가 솟아올랐다.

— 흰 연기다!

연기 색깔은 흰색이었지만 군중은 잠시 머뭇거렸다. 성

---

6 A Sophie de Ravinel, *Le Figaro*, 22 avril 2005.

7 Jean-Marie Guénois, *Benoît XVI*, op. cit.

베드로 대성전의 종소리를 듣지 못했기 때문이다. 종소리는 연기가 약간 회색일 때 모호함을 제거하기 위해 연기와 동시에 울려야 하는 것이었다. 지금이 바로 그런 경우였다! 전 세계 수많은 방송사가 정규 방송을 중단하고, 납득하기 힘든 이 상황에 시선을 고정시켰다. 뉴스 해설자들은 숨을 죽였다. 단순한 기술적 오류였다. 시스티나 경당의 낡은 주철 난로가 오작동을 일으켜 연기가 경당으로 역류하는 것에 정신이 팔린 추기경들이, 종지기에게 소식을 전하는 것을 잊어버린 것이다. 10분을 기다린 뒤에야 종이 울리기 시작했다. 군중들은 환호성을 질렀다.

— 교황 만세!Viva il papa!

그 시간에 성 베드로의 새로운 계승자는 천천히 '눈물의 방'으로 향했는데, 3평방미터의 이 작은 방에서 그는 감마렐리Gammarelli 의상실이 준비한 세 벌의 수단 중 하나를 입고, 그 위에 교황복을 입었다. 교황복은 잘 맞지 않았지만(마이스너Meisner 추기경의 증언) 어쩔 수 없었다. 천천히 손보면 될 일이었다! 교황 선출 45분 만에 요제프 라칭거의 오랜 동지이자 부제급 추기경 중 선임인 호르헤 아르투로 메디나 에스테베스Jorge Arturo Medina Estevez가 성 베드로의 발코니에 모습을 드러냈다. 그곳에 모인 10만 군중은 설렘이 절제된 차분한 모습으로 칠레 출신 추기경의 발표 내용을 경청했다.

— 우리는 교황을 선출했습니다!

우렁찬 갈채가 길게 이어지다가 일순 정적이 감돌았다.

― 지극히 높으시며 존경하올 요제프 라칭거 추기경을!

마침내 교황 베네딕도 16세가 감격에 겨운 모습을 드러냈다. 그는 합장한 양손을 얼굴까지 들어 올리고 '로마와 온 세상에'urbi et orbi 첫 강복을 베풀었다. 열광한 일부 순례객이 푸르고 흰 바둑판 무늬의 천을 흔들었다. 바이에른의 색깔이었다.

— 존경하는 추기경님들께서 나를 대교황 요한 바오로 2세의 후임으로 선출하셨습니다. 나는 주님의 포도밭에서 일하는 한낱 보잘것없는 일꾼입니다 ….

2005년 4월 19일, 교황 베네딕도 16세가 발코니에서 언급한 최초의 일성一聲은 전임자에게 경의를 표하는 것이었다. 이는 단순한 예우 그 이상이었다. 2주 전에 선종한 '대교황'에게 경의를 표한 것은 그의 계승자가 되기 전까지 충직한 조언자이며 동지이자 친구였던 전임 라칭거 추기경의 진심에서 우러나온 것이었다.

투표 결과를 논평하는 세계 만방의 언론이 명심할 것은 바로 이 말이었다. 독일 언론에 팽배한 자부심에 대해서는 그냥 넘어가도록 하자. 「빌트」*Bild*지는 '베네딕도 16세'라는 큰 화보 기사에 '우리 교황이 탄생하였다!'라는 헤드라인을 달았다. 유럽 신문들은 예의를 잃지 않으면서도 하나같이 새로운 교황이 보수주의자이며 독일인이라는 점을 지적했다. 베네딕도 16세는 자신이 '철갑 추기경'Panzerkardinal, '하느님의 경찰견', '독일의 양치기' 같은 고약하고 우스꽝스런 별명으로 불린다는 것을 알고 있었다. 사람들은 그의 전기를 읽고 그가 '히틀러유겐트'에 몸담았던 사실을 비난했다. 그것은 그다지 유쾌하지 않은 일이었다. 프랑스의 카날 플뤼스 방송은 '기뇰 드 랭포'Guignols de l'Info라는 프로그램에서 교황을 '아돌프 2세'라고 부르며 '성부와 성자와 제3제국의 이름으로'[1] '축복'했다. 그러나 베네딕도 16세가 요한 바오로 2세 측근으로 오래 일하면서 그가 발표한 회칙들 중 몇몇을 작성하는 데 기여했고, 요한 바오로 2세의 신념을 광범위하게 공유하고 있다는 점을 대체로 강조했다. 최상의 논평과 최악의 논평이 이처럼 공존했다.

대조적인 반응들

가톨릭의 초기 반응들은 대조적이었다. 아메리카, 아시아, 아프리카 주교들은 경험과 탁견을 지닌 인물이 교황으로 선출된 것에 만족했다. 특히 신임 교황은 엄정할뿐더러 위대한 전임 교황의 측근이 아닌가? 반면, 대부분 개혁주의

---

1 카날 플뤼스(Canal +) 방송은 그다음 날 사과 방송을 했다.

자들인 유럽 주교단은 오히려 실망했다. 콘클라베가 끝나고 벨기에의 고드프리드 다닐스 추기경은 언짢은 기분을 끝내 숨기지 못했다. 비유럽, 특히 북아메리카와 라틴아메리카 가톨릭 신자들은 한때 '교의의 수호자'이자 '해방신학'의 신랄한 비판자였던 과거 이력을 생각할 때, 이 연로하고 엄격한 교황이 개혁을 추구할 거라고 상정하기 어려웠다. 그래서 환영을 망설였다. 마르티니 추기경이나 신학자 한스 큉 같은 라칭거의 과거 반대자들은, 그를 평가하기 앞서 일단은 시간을 주어야 한다는 신중론을 피력했다. 무엇보다 '뜻밖의 일을 준비해' 두었을 수도 있지 않겠는가.

교회 밖 정치·종교 지도자들은 정중하고 호의적인 반응을 보였다. 그들은 이구동성으로 전임자가 수행하던 '화해와 평화'의 과업을 계승하기를 원했다. 베네딕도 16세의 과거, 특히 히틀러유겐트와 관련된 사안을 면밀히 검토한 유대인 측은 신임 교황이 요한 바오로 2세의 호의적 노선을 견지하며 모든 형태의 반유대주의를 명백히 단죄했음을 상기시켰다. 라삐 데이비드 로젠David Rosen은 「하아레츠」Haaretz지에 "유대인들에게 그의 선출은 희소식이다"라고 요약했다.

선출 다음 날 시스티나 경당에서 추기경들과 함께 집전한 '교황 첫미사'에서 새 교황은 요한 바오로 2세와의 관계를 새삼 언급했다. "나는 그분이 제 손을 꼭 잡고 계심을 느끼며, 그분의 눈웃음을 보면서 그분의 말씀을 듣는 듯합니다. 그분은 지금 이 순간 특별히 '두려워하지 마시오!'라고 말씀하십니다.” 비록 ‘요한 바오로 3세’로 불리기를 원하지는 않았지만, 라칭거는 강론에서 ‘더 용기 있고 더 자유로우며 더 젊어진 교회를 남겨 주었으며, 과거를 차분히 돌아보고 미래를 두려워하지 않았던 그 위대한 교황’의 연장선 위에 온전히 자리하고 있음을 강조했다.

반론이 있었다면 그것이 더 놀랄 일이었다. 그 독일인 교황은 요한 바오로 2세의 당연한 계승자일 뿐 아니라 직계 상속인이었다. 영적 차원에서만 그런 것이 아니었다. 선종한 친구 말고는 로마에서 자기를 믿어 주는 사람이 아무도 없었다. 라칭거 추기경은 왕족도 어느 파당의 우두머리도 아니었다. 23년 동안 그는 교황청 안팎에 인맥을 형성하지 않았다. 요직에 중용하고 호의를 베풀고 사의를 표해야 할 사람이 아무도 없었다. 어떤 ‘독일인 조직’도 그의 그늘 아래서 모습을 드러낸 적이 없었다. 독일 추기경들은 대부분 그 신앙교리성 장관과 대립하고 있었으며, 동포(라칭거)라고 해서 늘 우호 관계를 유지한 것도 아니었다.

측근을 유임시키다

새 교황에게 무한정 애정을 바친 독일인이 있다면 바로 친형 게오르크일 것이다. 여든셋의 이 노인은 동생이 교황이 되었다는 소식에 몹시 놀랐다. 그는 충분히 사려 깊지 못했다. 동생의 ‘허약한 몸’을 지나치게 염려하다가 작은 스캔들을 일으켰던 것이다! 각 언론사는 파렴치하게도 그 마음

씨 좋은 노인을 서로 끌어가려고 난리였다. 그 외에 두 명의 새 얼굴이 교황 측근에서 모습을 드러냈다. 한 사람은 당시 48세의 게오르크 갠스빈Georg Gaenswien 신부였다. 푸른 눈동자에 운동선수 같은 용모를 자랑하는 독일 슈바르츠발트 Schwarzwald 출신의 이 신부는 1996년부터 신앙교리성 장관의 비서였다. 요한 바오로 2세의 종신 개인 비서였던 스타니스와프 지비시 주교가 명망 높은 지위를 약속받으면서, 갠스빈 신부가 그 자리를 메울 것이 분명해 보였다.[2] 또 한 사람은 잉그리드 슈탐파Ingrid Stampa라는 55세의 여성으로, 쇤슈타트Schönstatt 부인회[3]에 관여하는 음악가였다. 교양과 기품이 넘치는 그녀는 1991년 라칭거의 누나 마리아가 선종한 후부터 라칭거를 돌보았다. 교황의 일상을 보살필 고용인을 채용하는 것도 그녀의 몫이다. 요한 바오로 2세 취임 초기부터 교황을 보살폈던 예수성심의 작은 수녀회 소속 다섯 폴란드 수녀 대신, 쇤슈타트 마리아 수녀회의 독일인 수녀 넷이 베네딕도 16세를 돌보게 되었다.

나머지는 변화가 없었다. 같은 인물들이 유임되었고 바티칸의 생활은 그대로 계속되었다. 무엇보다 베네딕도 16세는

---

2 스타니스와프 지비시(Stanislaw Dziwisz)는 1978년 카롤 보이티야의 후임 프란치셰크 마카르스키(Franciszek Macharski) 추기경에 이어 크라쿠프 대교구장으로 임명되었다.

3 독일 팔로틴 수도회 수사 요제프 켄테리히(Joseph Kenterich)가 1949년에 설립한 쇤슈타트 운동은 다른 차원으로 공인받은 스물다섯 개의 독립 공동체를 포함한다(여섯 개의 재속 사제회, 일곱 개의 사도직 단체, 열한 개의 사도직 연맹과 한 개의 대중적 성지순례 운동).

국무원장(안젤로 소다노), 국무차관(레오나르도 산드리), 외무차관(조반니 라졸로Giovanni Lajolo) 등 교황청의 세 요직을 비롯, 교황 요한 바오로 2세가 임명한 모든 고위직 책임자를 '유임'하거나 '추인'했다. 또한 은퇴 시기를 넘긴 교황청 각 부서 책임자들은 물론, 요한 바오로 2세의 측근까지 유임시켜 자신과 운명을 함께하도록 했다. 의전관 피에로 마리니, 여행 기획 비서관 레나토 보카르도,[4] 교황청 공보실장 호아킨 나바로발스Joaquin Navarro-Valls, 개인 비서 미에치스와프 모크르지키, 주치의 레나토 부초네티 등이 그들이었다.

콘클라베 이전에 자신이 맡고 있던 두 직책만큼은 어쩔 수 없이 새 사람을 임명해야 했다! 교황은 73세의 프란시스 아린제 추기경을 추기경단 내에서 주교급 추기경으로 승급시켜 로마 근교에 있는 자신의 주교좌 벨레트리세니Velletri-Segni를 물려주었다. 20여 년 전에 아프리카 대륙을 떠난 그 나이지리아 추기경은 주교급 추기경으로 승급했으므로 사실상 온전히 '로마적인' 고위 성직자였다. 여섯 명의 주교급 추기경들은 만장일치로 바티칸의 제2인자 안젤로 소다노 추기경을 새로운 수석 추기경으로 선출했다. 신임 신앙교리성 장관에는 이미 5년 전부터 성성에 근무하고 있던 69세의 윌리엄 레바다William J. Levada가 임명되었다. 그는 비교적 보수적인 미국인으로 샌프란시스코 대교구장을 역임했다.

---

4 라디오 바티칸의 총무부장 자리는 2005년 10월 레나토 보카르도(Renato Boccardo)에서 알베르토 가스바리(Alberto Gasbarri)로 교체되었다.

교황 방탄차와 여름휴가

78세의 베네딕도 16세는 교황청의 관례를 갑자기 바꿀 생각은 없었다. 기껏 거처를 좀 더 따뜻한 색깔로 칠해 달라고 요구했을 뿐이다. 교황은 수백 상자의 책(소문에 의하면 1만 2천 권)과 피아노 한 대를 거처로 가져오게 했다. 교황 문장은 전임 교황대사이자 문장학에 조예가 깊은 안드레아 디 몬테체몰로Andrea di Montezemolo에게 부탁했다. 뮌헨 시절의 주교 문장(왕관을 쓴 무어인과 성 코르비니아누스의 곰, 아우구스티누스의 조개껍질)[5]을 재구성하되, 교황 삼중관 대신 주교관을 넣을 것을 고집했다. 무엇보다 교황이 로마의 주교임을 강조하기 위해서였지만 전혀 혁명적인 것은 아니었다. 어차피 지난 40년 동안 교황들은 삼중관을 쓰지 않았기 때문이다.

베네딕도 16세는 전임 교황의 관례들을 대부분 유지했다. 4월 24일, 교황 즉위 미사 후 그는 교황 방탄차를 타고 성 베드로 광장을 둘러보았는데, 그 차는 요한 바오로 2세가 애용하던 흰색 지프였다. 4월 27일 수요일, 교황이 처음으로 2만 명의 신자들 앞에서 주재한 일반 알현은 요한 바오로 2세가 26년 동안 거의 한 번도 빠뜨리지 않았던 행사였다. 그 만남은 축제이자 교리교육이었다. 전임 교황은 매주 순례자들과 함께하는 그 만남에 맞추어 자신의 여행 스케줄을 미리 조정하도록 지시할 정도였다. 베네딕도 16세도 "다음 수요일

---

[5] 6장 참조.

에는 요한 바오로 2세의 교리교육을 그분께서 끝내신 부분에서 다시 시작할 것입니다”라는 말로 알현을 마무리했다.

갈채가 터졌다. 세계 각지에서 온 신자들은 전임 교황의 과업을 계승하려는 그의 배려를 높이 평가했다. 5월 1일 일요일, 신임 교황은 요한 바오로 2세가 자주 그랬듯이 거처 창가에서 삼종기도를 바쳤다. 그 창문은 ‘그토록 사랑받은 전임자의 모습과 함께 많은 사람에게 익숙한’ 곳이었다.

여름이 오자 사람들은 베네딕도 16세가 요한 바오로 2세의 관례에 얼마나 쉽게 젖어드는지 볼 수 있었다. 신임 교황은 전임 교황과 같은 곳에서, 같은 기간에, 같은 방식으로 휴가를 보내기로 했다. 그것은 전임 교황이 크라쿠프 대교구장에 이어 교황이 되고 나서도 정확하게 되풀이한 폴란드 시절의 관례였다. 7월 11일, 베네딕도 16세는 발 다오스트Val d’Aoste의 인로드Inrod 협곡에 있는 살레시오회 소속의 쾌적한 오두막을 다시 찾았다. 흰색 챙 모자를 눌러쓰고 몽블랑의 비탈길을 걸을 때 요한 바오로 2세는 행복했는데, 베네딕도 16세도 그처럼 행복했을까? 요한 바오로 2세가 카스텔 간돌포 교황 별장에 만든 수영장에서도 그러했을까?

다른 스타일

1978년 10월에 전임자가 그랬던 것처럼, 베네딕도 16세도 콘클라베 후 첫 토요일에 언론인의 알현을 허락했다. 언론인들은 이런 알현을 특히 좋아했다. 원로 언론인들은 지난날 폴란드인 교황이 '축복의 방'에서 한 시간 동안 유창한 각국 언어로 담소를 나누며 기자들을 매료시킨 일을 기억하고 있었다. 그런 일은 처음이라 몇몇 추기경에게는 꽤나 충격이었다. 와전과 왜곡과 조작의 위험을 무릅쓰지 않는 한 교황은 발언에 신중을 기해야 한다. 언론에서는 한 마디 오역에도 만사가 뒤틀리는 파장이 일 수 있기 때문이다!

소심함을 극복하고 베네딕도 16세도 결국 이 관례를 따르기로 결심했다. 교황청 공보실Sala Stampa은 취재권 발부에 관대하여 취재권을 받은 사람이 4,000명에 육박했다. 이는 1978년의 1,500명을 훨씬 상회하는 인원이다. 그들은 '바오로 6세 홀'에 운집했다. 바티칸에서 그 정도 인원을 수용할 수 있는 유일한 건물이 '바오로 6세 홀'이었다. 참석자들은 교회의 수장이 바뀌었음을 즉각 확인할 수 있었다. 베네딕도 16세는 중앙 통로가 아니라 연단 쪽으로 도착했다. 이탈리아 주요 언론사의 경영자들은 새 교황과 몇 마디라도 나누어 보려고 맨 앞줄에 조용히 앉아 있었는데, 교황이 악수도 나누지 않자 헛물을 켠 것 같아 불편해졌다. 신임 교황은 4개 국어를 구사했다(에스파냐어는 잊어버렸다). 주어진 시간이 15분도 채 안 남았는데, 교황은 홀 아래 내려서지 않았다. 전임자의 매력이 돋보였던 언론과의 즉흥 대화는 이제 더 이상 목격되지 않았다.

각자 스타일이 있다. 라칭거 추기경은 대중 연설가가 아니었고 공식 행사를 즐기는 취향도 아니었으며 군중과의 접촉도 좋아하지 않았다. 이제 교황으로 선출되었으니 어떤 신비로운 힘이 그를 변신시켰을까? 성 베드로 광장에 처음으로 나간 일은 하나의 시금석이었다. 기자들은 "그의 전용 차가 환호하는 군중 사이로 뱀처럼 구불구불 전진하는 동안, 홀로 서서 인사하고 이따금 긴 축복을 내리는 일이 교황에게는 여전히 어색한 듯했다"[6]라고 썼다. 4월 25일 성 바오로 대성전에서 그랬듯이, 군중들을 축복할 때, 아기의 볼에 입맞출 때, 장애인들에게 인사할 때도 베네딕도 16세는 전임 교황의 쾌활하고 개성적인 태도와 분명한 선을 그었다.

신임 교황은 절제되고 간소하게 행동하려 했다. 그 의중은 즉위식 강론에도 드러난다. "저의 진정한 운영 계획은 제 의지에 따른 것이 아니며, 제 생각대로 하는 것이 아닙니다. 오히려 전체 교회와 함께 주님의 말씀을 경청하는 것입니다." 이런 상황을 예감이라도 한 듯 그는 몇 년 전에도 이렇게 썼고 이제 그 내용을 반복하고 있다. "교황이 말을 할 때는 개인 이름으로 하는 것이 아닙니다. 교황 자신이 전 생애 동안 공들여 만든 개인적 이론과 견해는, 지적 수준이 아무리 높을지라도, 그 순간 중요하지 않습니다."[7] 5월 7일, 라테라노 대성전(성 요한 대성당)에서 베네딕도 16세는 '교황은 자기 생각과 의지가 곧 법인 절대군주가 아님'을 확인했다! 신

---

6 *La Croix*, 19 mai 2005, Yves Pitette의 기사.

7 Joseph Ratzinger, *Jean-Paul II: vingt ans dans l'Histoire*, Bayard, Editions/Centurion 1999.

학적으로 시의 적절하게 주의를 환기시키는 말이었다. 요한 바오로 2세 재위 당시에는 거의 잊고 있던 말이기도 했다.

즉시 시성을!

겸손, 엄격, 절제 — 익숙해져야 할 것이다. 단체 알현을 덜 하고, 장거리 여행을 줄였다. 사랑 넘치는 환호, 다투어 내미는 손, 뜻밖의 포옹, 즉흥적 농담도 줄었다. 일반 알현 때 이른바 '맨 앞줄'prima fila의 방문객, 특히 정치가들은 로마에서 교황과 찍은 사진이라도 한 장 가지고 돌아갈 수 있었으나, 그런 특전을 받은 방문객과의 사적 접촉이 앞으로는 허용되지 않을 것이다. 교황 개인 경당에서 거행되는 교황 미사에 참석하기 위해 새벽부터 사람들이 몰려드는 일도 더는 없을 것이다. 더 바람직한 일도 있었다. 성무에 관해 논의하는 첫 회의에서 베네딕도 16세는 요한 바오로 2세처럼 시복식을 직접 집전하지 않을 것이라 공포했다. 시성성의 고위 성직자가 공식 자격으로 시복식을 맡을 것이다. 교황은 더 장엄한 시성식만 드물게 집전하게 될 것이다. 하느님이 수壽를 허락하신다면 한 가지 예외는 있을 터이니, 임박한 전임자의 시복식이 바로 그것이다!

실제로 그는 5월 13일 금요일에 뜻밖의 놀라운 일을 벌였다. 1981년 그날은 요한 바오로 2세가 테러를 당한 날이었다. 이날 베네딕도 16세는 로마 성직자들에게 한 연설에서, '대교황 요한 바오로 2세'의 시복 심사에 지체 없이 착수해 달라는 로마 총대리 카밀로 루이니 주교의 청원에 동의한다고 밝혔다. 미래의 성인이 선종한 지 42일 만이었으니 교회사를 통틀어 하나의 기록이었다! 1983년 1월, 그 폴란드인 교황은 시복 절차를 밟기 전에 반드시 5년의 유예 기간을 준수해야 한다고 분명히 언급한 바 있다. 그럼에도 마더 데레사 선종 2년 후인 1999년부터 그녀의 시복을 제안함으로써, 사실상 그 규칙을 스스로 위반한 셈이었다.

이처럼 교회법의 적용을 면제하는 데 서둘러 동의함으로써 베네딕도 16세는 보란 듯이 전임자의 각별한 중요성을 인정하고 확실하게 물러서는 모습을 보였다. 또한 요한 바오로 2세를 온전히 계승할 것임을 새삼 강조했다. 마치 지난 사반세기 동안 라칭거와 그의 친구를 어쩔 수 없이 반목시킬 뻔한 갈등들을 사소한 돌발 사건으로 축소하고 싶은 듯이 말이다. 사람들은 라칭거 추기경이 1986년 아시시에서 열린 종교 간 회의에 참석하라는 요한 바오로 2세의 요구에 반대 입장을 숨기지 않았다는 사실을 기억한다. 또한 2002년 제2차 회의에 라칭거를 참석시키려고 교황이 '우정 어린 강요'를 해야 했다는 사실도 기억하고 있다.

공의회와 전통

유포되는 각종 문건의 내용으로 보나 논쟁의 주제로 보나, 베네딕도 16세는 요한 바오로 2세의 나무랄 데 없는 계승자인 것처럼 보인다. 콘클라베를 통해 선출되었으니 구속

받을 일이야 전혀 없었지만, 베네딕도 16세의 그런 태도는 무엇보다 쉽지 않을 것이 분명한 계승을 보장받고 싶던 추기경들을 만족시켰다.

4월 20일의 첫 강론에서 신임 교황은 "2천년 교회 전통의 충실한 연속선상에서 … 제2차 바티칸 공의회의 실현 약속을 지속적으로 수행할" 의지를 분명하게 드러냈다. 공의회와 전통이었다. 그 모든 것은 전적으로 하나인 계획이었다. 그 계획은 세 가지 목표를 통해 완성된다: 그리스도인의 일치, 타종교와의 대화(강론 다음 날 베네딕도 16세는 로마의 유대교 대라삐에게 전보를 보내 전임 교황이 원한 대화를 지속하자고 제안했다), 교회 운영에서 '주교단성'의 배려. 확실히 베네딕도 16세는 날이 갈수록 사소한 문제들에서부터 나름의 성향을 드러내보였다. 그는 '교회는 살아 있다'는 사실을 거듭 강조하고 그리스도와의 '친교'를 언급했다. 성모 신심은 전임자에 비해 덜했다. 이런 것들이 미묘한 차이였다.

그러나 폴란드인 교황과 독일인 교황 사이에 어떻게 단절이 있겠는가? 베네딕도 16세의 지향점들이 요한 바오로 2세의 그것에 부합한다면, 이는 단지 지적 선택이나 전략적 결정에서 기인하는 것만은 아니었다. 미묘한 민족적 차이를 빼면 두 사람은 동일한 역사의 소산이었고, 동일한 사건들을 통하여 가르침받았으며, 동일한 문화를 타고났다. 5월 20일 베네딕도 16세는 바오로 6세 홀에서 열린 요한 바오로 2세의 전기 영화 「카롤, 교황이 된 남자」의 시사회에 참석했다. 영화는 선종한 교황을 떠올리게 했다. 베네딕도 16세는 감동한 천여 명의 관객 앞에서 "요한 바오로 2세께서는 하느님 섭리 속에 계셨습니다"라고 말했다. 그 섭리가 차례로 교황이 된 두 사람에게 제2차 세계대전의 공포를 경험하게 했던 것이다. 두 교황은 젊은 시절, 각각 다른 전선, 다른 상황에 처해 있었지만 전쟁의 야만성과, 한편이 다른 편에게, 한 민족이 다른 민족에게 가하는 끔찍한 폭력을 경험했다. 베네딕도 16세는 전쟁과 더불어 나치즘과 무신론적 공산주의라는 두 '정신착란'도 함께 비난했다. 특히 공산주의는 전후 동유럽에서 나치즘의 뒤를 이었다. '전체주의 이데올로기가 인간을 위협할 때마다 위협받는 것은 전 인류'라는 사실을 신임 교황은 힘주어 상기시켰다. 요한 바오로 2세도 제2차 세계대전을 '인류의 자살 행위'라고 규정하지 않았던가?

먼저 이탈리아부터

2005년 5월 29일, 베네딕도 16세는 첫 여행지로 이탈리아를 택했다. 신임 로마 주교는 풀리아Puglia의 바리Bari에서 열린 이탈리아 주교단 총회에 참석할 수 없었는가? 그리할 수 있었다. 교황으로 선출된 지 6주 만에 그의 참석이 용인되었던 것이다. 인간 생명의 신성한 특성에 관한 베네딕도 16세의 견해가 요한 바오로 2세와 다르지 않음을 공식적으로 표명할 수 있는 절호의 기회였다. 그 주제는 전임 폴란드인 교황을 괴롭혔던 주제들 중 하나다. 이탈리아 생명 의료

법 완화에 목적을 둔 네 차례의 국민투표를 15일 앞둔 시점에서, 교황의 바리 방문은 분명히 이탈리아의 민주적 정치 토론에 개입하는 것이었다. 격한 정치적 분위기 속에서 이탈리아 주교들은 법률 개정안의 거부를 엄중히 촉구했다. 또 효과적으로 가결을 저지하기 위해 가톨릭 신자들에게 기권할 것을 당부했다. 목표는 50% 미만의 투표율로 법안을 부결시키는 것이었다. 교황은 단순하게 그 전술을 지지했다. 그는 거리낌 없이 이탈리아 주교들에게 "여러분은 가톨릭 신자와 모든 시민을 계몽하는 데 전념하십시오. 나도 여러분과 함께하겠습니다!"라고 말했다.

그 주장은 받아들여졌다. 6월 12일과 13일에 가톨릭 신자들은 투표를 거부했다. 개정안은 정족수 미달로 부결되었다. 11일 후 베네딕도 16세는 퀴리날레Quirinale 궁을 공식 방문하고, 치암피C.A. Ciampi 이탈리아 대통령의 '정교분리' 발언을 공손히 경청했다. 이탈리아에서 '정교분리' 원칙은 여전히 유효하다. 그러나 그는 타협하지 않았다. 교황은 추호의 동요 없이 정치 지도자들에게, '결혼에 토대를 둔 가족'을 보호하고 '교육에 관한 부모의 자유 선택권'을 존중하며 '수태에서 자연사에 이르기까지 인간 생명을 옹호'하라고 촉구했다. 요한 바오로 2세는 모든 형태의 생명을 보호하라고 촉구했다. 이 '도덕적' 언급을 신임 교황이 완화시킬 거라는 기대를 베네딕도 16세는 신랄하게 반박했다. 5월 23일, 그는 정부의 동성애자 결혼 합법화에 반대하는 에스파냐 주교들을 지지하는 메시지를 전달했다. 6월 16일에는 신임 스위스 대사를 통해 동성애자들의 시민 연대 협약을 인정하는 법안의 가결을 비난했다. 이 분야에서도 베네딕도 16세가 요한 바오로 2세의 충실한 계승자임이 확연히 드러난다.

재위 첫 두 달 동안 교황의 관심은 확실히 유럽에 집중되어 있었다. 베네딕도 16세의 첫 장거리 여행으로 떠오른 것이 세계청년대회였다. 개최지가 쾰른일지언정 교황이 관심 가질 일은 아니었다. 그러나 그의 조국, 유럽의 중심에서 열리는 행사였다.

11장 세계청년대회에서 주교 대의원 회의까지

— 교황 성하, 조국에 오신 것을 환영합니다!

2005년 8월 18일 목요일, 프로테스탄트 신자인 호르스트 퀼러Horst Köhler 독일연방공화국 대통령은 현대 최초의 독일인 교황을 퀼른에서 이런 말로 영접했다. 달리 어떻게 영접하겠는가?

— 나는 오늘 더할 나위 없는 기쁨으로 소중한 나의 조국에 왔습니다.

교황은 퀼른–본 공항에서의 도착 연설을 이렇게 시작했다. 달리 어떤 말로 시작하겠는가? 퀼른 주교좌성당에 당도하여 그는 초임 성직자 시절의 '행복한 추억'에 잠기거나, 줄곧 '집에 있다는' 느낌을 아니 가질 수 있었겠는가? 교황의 특별 방문을 보도한 주요 일간지들의 헤드라인은 이러했:

'조국 독일에서 인정받은 예언자, 베네딕도 16세'(『르피가로』), '베네딕도 16세, 독일과 재회하다'(『르몽드』), '독일의 교황'(『라크루아』). 달리 어떤 제목을 달겠는가? 독일인 교황과 그 조국의 재회를 가능하게 한 것이 우연(혹은 하느님의 섭리)인 줄을 알아도, 나치즘의 상흔이 아직 군데군데 남아 있는 이 나라에서 민족을 강조하는 것이 그리 바람직하지 않은 줄을 알아도, 일간지들은 그렇게 기사를 썼다.

1979년 6월, 재위 중 처음으로 폴란드를 여행한 요한 바오로 2세는 조국을 찬양하고 국민의 민족적 자존심을 기려 마지않았다. 베네딕도 16세는 그와 달랐다. 그는 전임자와는 달리, 쾰른에 도착하여 조국 땅에 입맞추지 않았다. 1980년 11월, 폴란드인 교황은 쾰른 땅에 내려 입맞춤으로써 '위대한 독일 민족'에 경의를 표한 바 있다. 독일인 교황의 입에서 그런 말이 나오는 건 적절하지 않았을 것이다. 베네딕도 16세가 가는 곳마다 독일의 '풍요로운 영적 유산'을 거론하고, 쾰른이 지난 2천여 년 전부터 그리스도교의 영향을 받았다는 점을 상기시키며, 성녀 우르술라·성 보니파티우스·성 알베르투스 마뉴스·성녀 에디트 슈타인 같은 지역 인물들을 통해 역사를 되새긴 것은, 이곳에서 유럽의 그리스도교적 뿌리를 의심할 사람이 아무도 없다는 것을 더욱 강조하기 위함이었다.

베네딕도 16세의 관심사는 유럽이지 독일이 아니었다. 출국 전날 바티칸 라디오 방송국과 가진 인터뷰에서 교황은 쾰른 세계청년대회가 유럽에 '새로운 숨결을 불어넣어 주기를' 단도직입적으로 희망했다. 그 오래된 대륙의 '자기 연민과 자기 비하'를 살짝 꼬집기도 하고, '유럽의 위대한 역사를 존중하기를' 넌지시 권면하면서 교황은 유럽 문명을 이룩한 '심오한 뿌리들'을 새삼 찬양했다. 그리스도교적 뿌리는 자명한 사실이다. 유대·그리스도교적 뿌리가 당연한 것임은 이튿날 쾰른 유대교 회당 방문에서도 확인할 터였다.

유대·그리스도교적 유럽

— 하느님의 평화가 당신과 함께 계시기를!(*Shalom lechem!*)

1986년 4월 13일 요한 바오로 2세는 로마의 유대교 회당을 방문하여 파문을 일으켰다. 베네딕도 16세는 론슈트라세 Roonstrasse에 있는 유대교 회당을 예방하고 쾰른의 유대인 공동체와 인사를 나누는 자리에서 '쇼아*Shoah*라는 믿어지지 않는 범죄'를 규탄했다. 아울러 전임자의 역사적 과업을 지속할 것이며 유대인과 그리스도인의 화해를 돕고 싶다고 밝혔다. 뿐만 아니라 유대인을 유럽 종교사와 연결시켰다. 쾰른의 유대인 공동체는 그리스도교만큼이나 유서 깊다(유대인 유적 중 일부는 4세기까지 거슬러 올라간다). 그들은 게르만족의 신성로마제국 치하에서 융성했고 강제 추방 당한 1424년까지 발전을 거듭했다(많은 공동체 구성원이 폴란드로 피신했다). 유대인 공동체는 19세기 들어 재건되고 발전했지만, 아돌프 히틀러는 '인종차별주의라는 광적 이데올로기'의 이름으로 1938년 유대교 회당의 파괴를 명령했다. 이는 '유럽 유대교의 말살'을 알리는 비극의 서곡이었다. 이 정책으로 쾰른에서만 11,000명의 유대인이 살해되었다. 15년 후 유대교 회당은 재건되었고, 구소련의 유대인들이 집단 이주한 덕분에 생명력을 회복했다. 구대륙의 전 역사가 그렇게 흘러왔다. 이 점, 몇몇 현존 인물이 생생히 증언한다: 어린 시절 히틀러유겐트 제복을 입어야 했던 요제프 라칭거, 쾰른 유대인 공동체 지도자 아브라함 레러Abraham Lehrer(어머니가 아우슈비츠 강제 수용소로 끌려갔다), 가톨릭으로 개종한 폴란드계 유대인이자 전임 파리 대교구장인 장 마리 뤼스티제. 다들 이 '복잡하고 참담한' 역사를 속속들이 알고 있다. 아리안적 망상에 사로잡힌 히틀러가 유럽의 '유대·그리스도교적' 뿌리를 근절시키기 위해 수단·방법을 가리지 않았음을 똑똑히 기억하고 있다.

몇 시간 후 베네딕도 16세는 대교구청에서 30여 명의 독일 프로테스탄트(침례교, 감리교, 루터교, 칼뱅파) 대표들을 접견했다. 독일 내 이들 교파의 신자 수는 가톨릭 신자 수와 맞먹었다. 물론 유대교 회당에서의 만남보다는 감동도 덜했고 효과도 같지 않았다. 프로테스탄트 지도자들과 가톨릭교회의 수장 사이에는 해결되어야 할 복잡한 문제가 잔존했다. 더욱이 그 문제들은 5백 년 동안 요동친 역사의 산물이었다. 독일에서는 종교개혁이 일어났다. 그 개혁은 그리스도교 세계를 분열시켰고 유럽에서 무익한 희생을 초래한 '종교전쟁'의 원인이 되었다. 하지만 20세기를 거치면서 독일에서는 교회일치운동이 구체화되기도 했다. 한때 신학자이자 대주교였던 그 독일인 교황도 이런 역사를 환히 꿰고 있었다.

며칠 전부터 퀼른의 여러 구역에서 노래 부르고 춤추던 청년들의 처지는 달랐다. 그날 아침 유대교 회당에 이르는 거리에서, 교황이 회당을 방문했을 때 '하느님의 평화를 빕니다'*Evenou shalom halerem*라는 환영의 인사를 뜻도 모르고 반복하던 청년들도 역시 마찬가지다. 베네딕도 16세는 "어른들에게는 하느님이 그리스도인뿐 아니라 유대인에게도 주신 희망의 빛을 젊은이들에게 전할 책임이 있습니다. 더는 악의 세력이 힘을 얻지 못하게 하기 위해서입니다"라고 말했다. 교황은 세계청년대회를 계기로, 유럽과 관련된 기억들을 대수롭지 않게 여기는 수십만 가톨릭 젊은이들이 그 일을 알고 역사의 증인이 되기를 요청하고 있었다.

2.5%의 아프리카 청년들

이튿날 베네딕도 16세가 대교구청에서 접견한 이슬람 공동체 대표들도 그런 유럽의 역사에 동참하고 있다. 독일에 거주하는 3백만 무슬림의 2/3가 터키 출신이다. 이슬람 대표들은 교황에게 '쌍방이 하느님의 이름으로 일으킨 분쟁과 전쟁으로 점철된 역사'를 일깨우려 애썼다. 그들도 교황도 오스만 정복에 나섰던 십자군 운동을 염두에 두고 있었다. 교황이 '화해의 길을 찾고 서로의 정체성을 존중하면서 살아가는 방법을 배우자'고 호소했을 때, 그들은 이슬람 테러리즘(얼마 전 마드리드와 런던의 폭탄 테러로 많은 희생자가 발생했다)을 떠올렸다. 하지만 그들의 뇌리에는 거의 모든 유럽 국가에 상존하여 이민자들을 불안에 떨게 하는 인종차별적 긴장이 더 깊이 각인되어 있었다.

그 대회는 전 세계 가톨릭 청년들을 한데 모은 듯했지만, 분명 유럽의 축제였다. 정확성을 자랑하는 독일 측 주최자들답게, 그들은 몇 가지 의미 있는 통계를 내놓았다. 전 세계 젊은이들의 대규모 축제라고는 하지만 아프리카 청년은 2.5%, 남아메리카 청년은 3.5%, 아시아 청년은 3%에 불과했다. 가령 300명의 살바도르 젊은이들은 자신이 아우크스부르크의 신앙고백, 레판토 해전,[1] 쇼아와 굴라그 등에 정말로 연관되어 있다고 느낄까? 그들을 결집시킬 핵심 관건은 바로, 무장 갱단에게 납치된 제 자식을 포기하면서까지 나라를 떠날 수밖에 없도록 내몬 빈곤이다!

비평가들의 예상을 깨고, 쾰른 세계청년대회는 토요일 철야기도(참여 인원 70만)와 마리엔펠트Marienfeld에서 거행된 주일 대미사(참여 인원 110만)를 정점으로 성대히 막을 내렸다. 베네딕도 16세는 여느 곳에서처럼 여기에서도 머리를 맞댄 사적 회담을 더 중시했다. 첫째 날 그는 라인 강을 거슬러

---

1 지금의 터키를 장악한 오스만 제국이 지중해로 세력을 확장하여 키프로스 섬을 점령하자, 1571년 교황 비오 5세는 베네치아 · 제노바 · 에스파냐 연합 함대로 하여금 코린트 만의 레판토에서 오스만 제국 함대를 공격하여 대승을 거두었다. 이 승리로 오스만 제국 함대에서 노를 젓던 그리스도인 노예들이 해방되고 오스만 제국은 쇠망기로 들어섰다 — 역자 주.

올라가는 배 위에서 강독에 운집한 군중을 커다란 손짓으로 기꺼이 축복해 주었다. 이틀 동안의 강론은, 과거 연극배우였던 카롤 보이티야와 그에게 열광하는 젊은 대중들 간의 극적이면서도 동적인 교류보다는, 예전 라칭거 교수의 신학 강의에 훨씬 더 가까웠다. 쾰른에서는 "요한 바오로 2세여, 우리는 당신을 사랑합니다!"라는 외침이 더 이상 들리지 않았다. 다만 차분하고 정감 어린 네 음정의 음율만 들렸다. "베 – 네 – 딕 – 도!"

베네딕도 16세가 실질적으로 요한 바오로 2세를 계승한 시점은 바로 2005년 8월 21일 쾰른에서였다. 그는 요한 바오로 2세를 모방하려 하지 않았다. 그럼에도 그를 전혀 알지 못했던 모든 젊은이의 마음을 사로잡을 수 있었던 것은 그가 가진 진정성 때문이었다.

성체성사에 관한 주교 대의원 회의

교황 재위 개시를 알리는 두 번째 사건은 2005년 10월 2일 일요일 성 베드로 대성전에서 거행된 장엄미사였다. 요한 바오로 2세는 주교 대의원 회의(제2차 바티칸 공의회 이후 교황 바오로 6세가 신설한 제도) 제11차 정기총회에서 성체성사에 관한 토의가 이루어지기를 희망했다. 일부 추기경들은 당혹스러웠다. 연로한 폴란드인 교황은 그 주제에 대하여 여러 편의 문헌을 출간했는데, 마지막 회칙 「교회는 성체성사로 산다」*Ecclesia de Eucharistia*도 그중 하나다. 요한 바오로 2세는

2005년을 '성체성사의 해'로 선포하기도 했다. 교회 입장에서 지난 2천 년 동안 큰 변화 없이 지속되어 온 미사 전례를 새삼 연구하는 것 말고 다른 긴급 사안이 없었던 것일까?

베네딕도 16세는 10월 2일의 강론에서 그 주제가 매우 중요하다는 점을 지적했다. 교황은 몇 달 전 성금요일 묵상에서 라칭거 추기경의 어투로 돌아갔다. "우리 그리스도인의 삶은 포도주가 아니라 많은 경우 식초로 이루어져 있지 않습니까? 자기 연민입니까? 자신과의 갈등입니까? 아니면 무관심입니까?" 하느님을 내쫓고 하느님에게서 떠나 세속화·상대화된 서양 사회를 향해 교황은 다시 한번 호소했다. "관용이란 말마디 아래 하느님을 하나의 사적 견해에만 국한하고 공적 영역을 부여하지 않으려는 것은 … 관용이 아니라 위선입니다!" 덧붙여 이렇게 강조한다. "최후 심판은 우리에게 해당됩니다! 바로 우리 자신, 우리 교회, 나아가 유럽과 서양 전체 말입니다!"

주교 대의원 회의에는 118개국 252명의 주교가 참석했으나 유럽인은 95명에 불과했다. 나머지는 아프리카, 아시아, 아메리카 주교(대륙별로 각 50여 명)와 소수의 오세아니아 주교였다. 토의를 시작하기 전, 고위 성직자들은 바오로 6세 홀 위층 시노드 홀에서 동료들과 뜨겁게 재회했고 그간의 경험들을 서로 나누었다. 설사 주교 대의원 회의가 구체적인 결론에 이르지 못한다 할지라도, 보편 교회의 대표자들이 그 3주 동안 만나서 나눈 우정은 매우 값진 경험으로 남을 것이다. 시대가 변했다. 현대식 공기 청정 장치와 영상 중계·동시 통역·전자 투표 시스템이 새로 구축되었다. 하지만 회의장에는 늘 제2차 바티칸 공의회의 여운이 엷게 감돌고 있었고, 지난 공의회를 연상시키는 사소한 분위기도 미미하게 감지되었다. 주교 대의원 회의 교부 자격으로 참석한 '전문위원' 32명 중 30명이 유럽인이었다. 제3세계 출신이라고는 멕시코 신학자 딱 한 명이었다. 가톨릭교회의 현실과 그 제도적 표현 사이의 괴리는 이처럼 뚜렷했다.

요한 바오로 2세 선종 후 처음 열리는 이 회의에는 새로운 것이 또 하나 있었다. 베네딕도 16세는 매일 저녁 6시부터 7시까지 '자유 토론' 시간을 가지기로 했다. 안젤로 스콜라 베네치아 총대주교는 '멋진' 생각이라고 잘라 말했다. 하지만 유감스럽게도 '주교들은 토론에 익숙하지 않으므로, 미리 연습을 시키는 것도 사리에 어긋나지 않으리라'는 일부의 지적이 있자, '자유 토론'의 의미는 희석되어 버렸다.[2] 10월 7일, 주교 대의원 회의 사무총장 에테로비크Eterovic 주교는, 주교들이 시노드에 참석한 것은 생각을 교환하기 위함이지, 총회에서처럼 번갈아 8분씩 발언하려고 온 것은 아니라는 점을 주교들에게 상기시켜야 했다!

그러나 교황은 자신이 무엇을 하고 있는지 잘 알고 있었다. 교회가 내부 토론에 취약하다고 얼마나 자주 비난받아

---

2 브루노 포르테(Bruno Forte) 주교, 2005년 10월 21일 「라크루아」지와 가진 인터뷰.

왔는가! 초보 단계일지라도 이 새로운 관례는 하나의 진보였다. '라칭거식 해법'은 대화이며 경청이었다. 각자 생각대로 모든 주제에 접근할 수 있는 이 토론에는 교황 자신도 빠지는 법이 없었다. 10월 6일, 교황은 격식을 깨고 서슴없이 토론에 합류하여 성체성사의 성서적 기초를 환기시키는 발언을 시작했다. "제가 이 문제에 관해서 숙고한 지 30년째입니다. 그래서 발언권을 요청합니다만 ….."

교황은 주교들의 사기가 날이 갈수록 저하되어 감을 직접 확인할 수 있었다. 사제 부족, 신앙의 약화, 신앙 전파의 위기, 종교적 교양의 부재, 현대 세계에서의 언어적 부적응 등이 문제였다.

장궤와 크레올 성가

이처럼 자유분방한 의견 교환은 또 다른 효과를 낳았다. 유럽 주교들과 세계 나머지 지역의 대표자들의 접근법의 차이가 더 잘 드러났다. 그리스·유럽 문화와 완전히 무관한 지역에서 그리스·유럽적 신학 용어를 사용하는 것과 관련된 해묵은 숙제도 그중 하나였다. 한 나이지리아 주교는 이런 질문을 했다. "애니미즘animism에 익숙한 우리 신자들에게 그리스도께서 제병 속에 '실존하심'을 일깨워 주고자 할 때, '실체 변화'transubstantiation와 '목적 변화'transfinalization 개념을 어떻게 설명하면 좋겠습니까?" 반면, 한 아프리카 출신 추기경은 지역 문화의 고유한 동작이나 상징을 미사 예

절에 곁들일 수 있다는 생각에 격분했다. "본당 홀에서 춤추
는 것은 괜찮지만 미사 중에는 안 됩니다!" 일본 요코하마의
주교는 그 생각을 반박했다. 그는 교회가 각종 예식을 지역
관습에 더 많이 적응시키기를 원했다. 모리셔스Mauritius[3]의
주교도 같은 생각이었다. "인도양의 작은 섬에서 예수님 말
씀을 우리 말로 듣고, 전통 악기인 북·봄·트라이앵글·현
악기를 연주하고 크레올[4] 성가를 부르며 예수님을 찬미한다
면 얼마나 기쁘겠습니까!"

　이 토론 시간에는 가끔 놀랍도록 대조적인 발언도 튀어
나왔다. 어느 교황청 고위 성직자가 장궤를 복원하자고 권
고하자, 연이어 부룬디Burundi[5] 주교가 일어나, 미사 시간이
야말로 자신의 다부족 교구민이 서로를 죽이지 않는 유일한
시간이라는 말을 했다. 한 프랑스 주교는 피레네 산맥 지역
에서 신앙이 약화되고 있는 원인을 아시아의 동료 주교에게
설명하다가, 베트남의 어떤 교구는 주일 미사 참석자가 1만
5천 명에 이른다는 대답을 듣기도 했다. 이런 경우 성찬례의

현대화는 대수롭지 않은 일일 것이다! 성소의 위기에 대해 역설하던 또 다른 주교는, 자기 나라에서는 수백 명의 성소 지원자들 중에서 적임자를 가려 뽑아야 할 정도라는 아프리카 동료의 설명을 듣고 경악했다. 아프리카 오지에서 성직이야말로 사회적 신분 상승의 보증수표라는 사실에 매혹된 지원자가 많았던 것이다! 파푸아뉴기니의 어느 순박한 주교는 이런 질문을 던졌다. "외딴 오지에서 미사를 집전하기 위해, 견진성사를 받은 중년 남성들에게 성직을 수여하여 철학과 신학 공부에 드는 긴 시간을 줄여 줄 수는 없습니까?" 비잔틴 전례를 행하는 동방 총대주교들은 기혼 사제 문제를 제기했다. 그들의 교구 사제 중에는 결혼을 하여 아버지가 된 사람도 있었던 것이다. 동방 총대주교들의 대답은 오히려 신중한 편이었다. 기혼 남성에게 성직을 수여하는 일은 교의상 아무 문제가 없지만, 경험상 기혼 사제들은 교구민들 눈에 '너무 여유가 없어' 보이며, 교계 제도에 따라 필요할 때 전출시키기도 어렵다는 것이었다!

재혼 소송 자료

이혼자의 재혼 소송 자료에서 보듯이 간단한 문제는 하나도 없었다. 주교들은 대부분 이혼한 신자에 대한 교회 규율이 완화되기를 바란다. 이혼한 신자들은 생활과 감정의 균형이 회복되어도 성체성사를 금지당한 것을 진심으로 힘들어한다. 특히 유책有責 배우자의 단순 피해자인 경우에는 더욱 그러하다. 웰링턴Wellington[6]의 듀Dew 대주교를 비롯한 일부 고위 성직자들은 부당하고도 불합리한 이 규율을 가차없이 고발했다(사람들은 베네딕도 16세가 이 점에 대해 '숙고했다'는 것도, 그가 왜 주저하는지도 잘 알고 있었다). 교황청 신앙교리성 장관 시절부터 그는 규율의 수정을 제안했으며, 하느님께서 맺은 것을 교회가 갈라놓아서는 안 된다는 가르침을 한 단계 발전시켰다. 이를테면, 그 가르침은 확실하지만, 진정한 신의 없이 행해진 결혼은 교회가 해소할 수도 있지 않을까 하는 것이었다. 이는 수많은 경우의 고통을 해소할 수 있을 것이다! 그러나 당시 동료들은 라칭거의 이 대담한 제안을 라칭거 스스로 재검토하도록 했다. 이런 사연에도 불구하고 5월 13일 라테라노 대성전에서 로마 성직자들을 접견할 때, 그 사안에 관한 설명을 요청받은 신임 교황은 노골적으로 답변을 회피했다. 그가 다소 위선적이었음을 인정하자.

비평가들은 그 민감한 사안들을 통해 주교 대의원 회의의 개혁 의지를 시험했다. 교의에 손대는 것보다 규율을 수정하는 것이 사실 더 쉽다. 그러나 총회에서 모든 문제가 개진된 후, 그 주제가 '각국 언어의 교차점'에서 거론되었을 때 유럽 주교들은 깜짝 놀랐다. 이혼자에게 성체성사를 허락하는 문제가 제3세계, 특히 아프리카 대표들에게는 오로지 서양의 문제로 인식되었기 때문이다! 아프리카에서 성체성사

---

6 뉴질랜드의 수도 — 역자 주.

허용 문제는 아내를 여럿 거느린 남자, 정령숭배자, 무슬림과 더 깊이 관련되어 있다. 다종교 문화권의 인도 주교들도 유사한 문제로 고민했다. 북아메리카 주교들은 훨씬 더 난감한 다른 문제를 제기했다. 그것은 낙태와 동성간 결혼에 찬성하는 신자들을 '거룩한 식탁'에 받아들일 수 있겠는가 하는 것이었다.

아주 먼 세계에서 제기되는 이 새로운 문제들보다 '유럽적' 관심사를 더 우선시해도 좋은지, 이런 괴리에 관해 질문을 받고, 브뤼셀과 메헬렌Mechelen 대교구장 고드프리드 다닐스 추기경은 별 설득력이 없는 대답을 제시했다. "우리가 사는 대륙은 여전히 중요합니다. 우리가 패권을 쥐고 있기 때문이 아니라 세속화의 공격을 받고 있기 때문입니다. 이 사회에서 벌어지는 세속화와 다원주의는 언젠가 다른 대륙에서도 나타날 것입니다. …"[7]

주교 대의원 회의에서 검토된 모든 사안은 공식 문헌으로 정리되었다(이 역시 새로운 일이었다). 문헌이 전파되자 역설적이게도 부정적 논평들이 난무했다. 실제로 '교황의 50가지 제안'은 3주 동안 제기된 문제들[전례 개혁, 이혼자의 재혼, (종교 간) 교류, 사제 독신, 교회 내에서 여성의 지위 등] 중 어떤 것에 대해서도 해결의 실마리를 제공하지 못하고 있다! 유럽과 제3세계 주교들은 그 점에서 다를 게 없었다. 더러는 안도했고 더

---

[7] 2005년 10월 25일 「라크루아」지와 가진 인터뷰.

러는 실망했다. 독일인이자 교황청 일치평의회 의장인 발터 카스퍼 추기경은 라칭거 시대의 첫 주교 대의원 회의의 결과를 자기 방식으로 요약했다.

— 후퇴한 것은 없었습니다![8]

---

8 *La Croix*, 24 octobre 2005.

 베네딕도, 마지막 유럽인 교황

나치 치하의 유년기, 신학자로서의 화려한 과거, 논의의 여지를 남긴 보수주의자 이미지, 교의 수호자로서의 역할, 전임 교황과의 친분 등, 이런저런 논란이 교황 선출 다음 날부터 분분했다. 성 베드로 광장의 군중 속에서, 혹은 유럽 언론을 통해 떠다니는 우려에 귀 기울여야 했다: 이번 교황이 대여섯 개 국어를 구사한다니 다행이지만, 라틴아메리카에 대해서는 거의 아는 게 없고 아프리카와는 무관하며, 아시아에 대해서는 완전히 무지하다 ….

실제로 요제프 라칭거는 과야킬Guayaquil,[1] 홍콩 혹은 과달라하라Guadalajara[2] 등지에서 열린 학술회의에 참가한 것 말고

---

1 에콰도르 과야스 주의 주도(州都)이며 중요한 무역항 — 역자 주.
2 멕시코 제2의 도시로, 할리스코 주의 주도 — 역자 주.

는 거의 여행을 한 적이 없다. 물론 신앙교리성 장관으로서 그는 전 세계 주교들의 보고와 하소연을 들으면서 23년을 보냈다. 그러나 교황대사나 선교사 소임을 맡은 적도, 남아메리카나 사하라 사막 남쪽 아프리카에서 장기 체류 한 적도 없다. 그는 제3세계를 몸으로 알지는 못했다. 이러한 공백은 메우기 어려울 듯싶다. 계단식 강의실과 도서관에 길들여진 이 지식인 교황은 여행을 좋아하지 않는다. 게다가 사람들은 통상 일흔아홉의 나이에 탐험가 경력을 시작하지는 않는다. 수줍음 많은 이 남자는 소음과 군중을 싫어하며, 전임자처럼 전 세계 언론의 '스타'가 될 의향도 결단코 없다.

그러므로 베네딕도 16세는 유럽의 교황으로 남을 것이다. 이는 약점이 아니다. 세계의 나머지 지역을 무시하겠다는 뜻도 물론 아니다. 그러나 자신이 2005년에 표현했듯이 '도처에 물이 새는 작은 배'인 가톨릭교회는 그의 재위 기간 동안 구대륙에 정박해 있을 것임은 확실하다.

요한 바오로 2세도 유럽인이었다. 그도 거듭된 참사로 기진맥진한 유럽, 각종 상흔이 남아 있는 그 늙은 유럽 한복판에서 태어났다. 요제프 라칭거는 히틀러의 고향 마을에서 15킬로미터 떨어진 곳에서 태어났다. 카롤 보이티야는 아우슈비츠 수용소에서 25킬로미터 떨어진 곳에서 태어났다. 태생이 그럴진대 두 차례의 세계대전, 홀로코스트, 베를린 장벽, 굴라그 등을 추상적으로 생각하는 것은 불가능하다. 84세의 요한 바오로 2세는 자신의 마지막 저서를 그런 내용에

할애했다. 베네딕도 16세도 외교관단에게 행한 그의 첫 연설에서 그 점을 상기시켰다. "나는 모든 것을 황폐하게 만드는 비인간적 이데올로기 때문에 모든 주민의 마음에서 우러나오는 평화와 형제애가 소중했던 고장 출신입니다."

그러나 요한 바오로 2세는 자국 고유 문화의 무게와 한계를 극복할 줄 알았다. 그가 크라쿠프의 대주교였을 때 폴란드 이주민 공동체를 순방하려고 북아메리카에서 파푸아뉴기니에 이르는 넓은 세계를 여행한 적이 있었다. 자신의 민족적 소속감을 강하게 주장했던 그 폴란드인 교황은 교황청을 세계화하고 각국 성인을 시성하는 것에 만족하지 않았다. 104차에 걸친 해외여행은 오랜 재위 기간의 특징들 중하나인바, 그는 이를 통해 교회 정부를 실제로 온 세계 도처에 옮겨다 놓았다. 또한 세계화 시대에 발맞추어 교황의 직무를 의식적으로 '미디어를 통해 전파'했다. 가령 그리스도교 2천 년을 기념하는 '대희년'부터 세계청년대회라는 젊은이들의 눈부신 만남에 이르기까지, 그리고 전 세계 10억 시청자들이 지켜보았던 자신의 장례미사에 이르기까지, 교회사의 중요한 순간들을 전 세계 텔레비전 화면에 비추어지도록 했다.

모차르트는 보편적인가?

2005년 4월 20일, 베네딕도 16세가 교황으로서 드린 첫 미사는 헨델G.F. Handel의 「메시아」로 끝났다. 사흘 후 거행된 즉위식은 바흐J.S. Bach의 아리아로 마무리되었다. 바이에른 출신의 교황은 어린 시절부터 대단한 모차르트 애호가였다. 교황 재위의 첫 무대에서 유럽 고유의 기준·형식·음조에 특권을 부여했다고 놀랄 필요는 없다. 일상의 사소함(여름휴가를 잘 준비하라, 운전 조심하라는 등)에서뿐 아니라 큰 일도 마찬가지였다. 교회일치가 교회의 주요 당면 과제라는 점을 보여 주고 싶었을 때, 신임 교황은 프랑스 칼뱅파 신자, 독일 루터교 신자, 러시아 정교회 신자들을 향해서 발언했다. 2006년 1월 25일에 반포한 그의 첫 회칙 「하느님은 사랑이십니다」*Deus caritas est*에서조차 그는 유럽 문화의 고유한 논리와 인용을 되풀이했다. 그리스 사상에서 차용한 정의, 독일 역사에서 이끌어 낸 사례, 아우구스티누스의 가르침에 대한 의존, 서양 수도원사의 위대한 성인들에 대한 호소 등이 바로 그것이다.

물론 아프리카·아메리카·오세아니아의 신자들도 그러한 원리·표현·준거들을 이해한다. 그것들이 유럽의 문화적·정치적 도가니 속에서 만들어졌다고 덜 보편적인 것은 아니다. 얼마 동안 그럴 것인가? 1920년대 요제프 라칭거가 태어날 무렵, 가톨릭 신자의 2/3는 유럽에 있었다. 오늘날 그 비율은 달라졌다. 바티칸이 발표한 최근 통계에 의하면, 전 세계 10억 8천만 가톨릭 신자 중 49.8%는 아메리카에, 13.2%는 아프리카에, 10.4%는 아시아에 있다. 전체 신자의 25.8%만 유럽에 있을 뿐이다. 이러한 변화는 날로 두드러지고 있다. 아프리카의 가톨릭 신자들은 매년 4.5% 증가하는 반면, 유럽에서의 증가율은 제자리걸음이다. 더욱이 프랑스, 에스파냐, 독일처럼 오랜 그리스도교 전통을 가진 몇몇 국가에서는 정말로 부정적인 상황이다. 요제프 라칭거가 신학교에 들어간 무렵인 1930년대에 유럽은 전 세계에 사제들을 파견하고 있었다. 오늘날 폴란드와 이탈리아가 여전히 상당수의 사제를 양성하고 있지만 새 사제들은 대부분 브라질, 멕시코, 인도, 필리핀, 나이지리아, 콜롬비아 등지에서 충원되고 있다.

교회의 세 번째 천년기 새벽에 타일랜드, 부르키나파소 Burkina-Faso,[3] 칠레, 필리핀의 가톨릭 신자들은 폴란드인 교황과 독일인 교황이 연이어 고양한 지표와 모델들, 즉 라틴어와 로망스어, 아리스토텔레스와 성 베네딕도, 이단 심문과 종교개혁, 바흐와 모차르트, 쇼아와 굴라그 등에 깊이 연루된 종교에 여전히 만족할 것인가? 2004년 1월, 철학자 위르겐 하버마스와의 대담에서 라칭거 추기경은 이렇게 설명했다. "서양의 중요한 두 문화인 그리스도교 신앙과 세속적 합리성은, 설사 그것들이 다른 어떤 문화적 영향력보다 훨씬 더 강하게 세계의 상황을 결정한다 하더라도, 둘 중 어느 것도 보편성이 있다고 주장할 수는 없다."[4]

---

3 아프리카 서부 내륙 국가로 1913년 프랑스의 독립 식민지 오트볼타였다가, 1960년 오트볼타 공화국으로 독립했다. 1984년 사회주의 국가가 수립되면서 부르키나파소로 국명을 변경했다 — 역자 주.

4 Revue *Esprit*, n° 306, juillet 2004.

언젠가 다시 콘클라베가 열려 베네딕도 16세의 계승자를 선출하게 될 것이다. 통계적으로 보아 성 베드로의 제266대 계승자는 십중팔구 폴란드인도 독일인도 아닐 것이다. 인구 통계학적 이유로 그 266대 교황은 양차 대전 시기 유럽에서 출생한 인물이 아닐 것이다. 제3세계 출신일까? 가능하다. 1978년 카롤 보이티야가 교황으로 선출됨으로써 5백 년에 걸친 이탈리아인 교황의 계보가 끊겼다. 더 이상의 금기는 없다. 지난번 콘클라베에서 제기된 갖가지 가설들(또한 아르헨티나의 호르헤 마리아 베르골리오 추기경에게 쏠렸던 표들)은 그런 가능성이 전적으로 믿을 만하다는 사실을 보여 주었다. 설령 교황청에 근무하고 보수적인 견해를 표방하더라도, 라틴아메리카 혹은 아프리카 출신의 교황이 선출된다면 이는 교회 사상 혁명적인 사건이 될 것이다!

설사 다음 콘클라베가 이탈리아인 추기경을 선출한다고 하더라도, 그 교황은 유럽이 단지 발상지에 지나지 않는 교회의 지도자라는 자신의 모습을 발견하게 될 것이다. 국적이 어디든 제3천년기의 세 번째 교황은 세계의 나머지 지역들을 향하여 바티칸의 모든 문호를 개방하도록 이끌 것이다. 2005년 4월 19일, 성 베드로 광장에서 기자의 질문을 받은 한 주교는 이렇게 말했다. "대부분의 가톨릭 신자들은 제3세계에 살고 있습니다. 유럽에서 우리는 교회 내에서의 여성의 지위나 사제 독신 같은 문제들을 다루고 있습니다. 그러나 교황은 오히려 세계적인 문제, 이를테면 라틴아메리카나 대호수 지역[5]의 정의와 평화, 인권, 에이즈 등을 역설해야만 할 것입니다." 역사의 암시라고나 할까? 이 말을 한 엔게벨트 지글러Engebelt Sigler는 바로 뮌헨의 주교다.[6]

---

5 르완다, 브룬디, 우간다, 콩고 등 아프리카 사하라 이남 지역의 심한 분쟁국들을 일컫는다 ― 역자 주.

6 2005년 4월 22일 「라크루아」지에 실린 인터뷰.

요제프 라칭거 연보

1927년 4월 16일	마르크틀 암 인에서 탄생
1933년 1월 30일	히틀러, 제3제국 수상으로 취임
1937년 3월 6일	아버지 라칭거 퇴역
1939년 부활절	트라운슈타인 신학교 입학
1939년 9월 1일	제2차 세계대전 발발
1941년 여름	히틀러유겐트에 가입
1944년 9월 20일	국민 의무 노동 시작
1945년 5월 8일	제3제국 항복
1945년 6월 19일	울름 미군 포로수용소에서 석방
1945년 11월	프라이징 대신학교 입학
1947년 9월 1일	뮌헨 대학 신학부 입학
1950년 8월	뮌헨 대학 신학부 졸업 시험
1951년 6월 29일	프라이징 주교좌성당에서 사제 수품
1951년 9월	뮌헨 성혈 본당 보좌신부
1952년 10월 1일	프라이징 대신학교 시간강사
1956년 봄	쾨니히슈타인에서 교의신학 학술 대회
1957년 2월 21일	교수 자격 취득 논문 심사
1958년 1월 1일	프라이징 대신학교 정교수
1958년 10월 25~28일	콘클라베: 요한 23세 선출
1959년 4월 15일	본 대학 기초신학 교수
1959년 8월 25일	아버지 라칭거 사망
1961년 8월 13일	베를린 장벽 설치

1962년 10월 8~10일	제2차 바티칸 공의회 개막
1963년 6월 3일	요한 23세 선종
1963년 여름	뮌스터 대학 교의신학 교수
1964년 2월	형 게오르크가 레겐스부르크 주교좌성당 성가대 지휘자로 취임
1964년 12월 16일	어머니 마리아 선종
1965년 12월 8일	제2차 바티칸 공의회 폐막
1965년 1월	학술지 『콘칠리움』 창간
1966년 여름	튀빙겐 대학 교의신학 교수
1966년 7월 14일	밤베르크 '가톨릭 주간' 행사 참석
1969년 여름	레겐스부르크 대학 교의신학 교수
1972~1974년	학술지 『콤무니오』 창간
1977년 3월 24일	뮌헨과 프라이징 대교구장으로 임명
1977년 5월 28일	뮌헨에서 주교 수품
1977년 6월 27일	바오로 6세에 의하여 추기경 서임
1978년 8월 6일	바오로 6세 선종
1978년 8월 25~26일	콘클라베: 요한 바오로 1세 선출
1978년 9월 28일	요한 바오로 1세 선종
1978년 10월 14~16일	콘클라베: 요한 바오로 2세 선출
1980년 11월 18~19일	요한 바오로 2세, 바이에른 방문
1981년 11월 25일	교황청 신앙교리성 장관으로 임명
1982년 2월 15일	뮌헨과 프라이징 대교구장 이임
1984년 8월 6일	'해방신학의 일부 측면에 관한 훈령' 「자유의 전갈」
1985년 6월	『신앙에 관한 대담』 출간
1988년 6월 30일	르페브르 대주교 파문
1989년 11월 9일	베를린 장벽 붕괴
1991년 11월	누나 마리아 사망
1992년 1월 13일	'윤리 및 정치학 아카데미'에 선출

1992년 11월 6일	'윤리 및 정치학 아카데미'에서 강연
1993년 4월 5일	주교급 추기경으로 승급
1998년 11월 6일	추기경단 차석 추기경으로 선출
2000년 9월 5일	「주님이신 예수님」*Dominus Jesus* 발표
2002년 4월 16일	75회 생일
2002년 11월 30일	추기경단 수석 추기경으로 선출
2004년 1월 19일	위르겐 하버마스와 토론
2004년 6월 5일	캉에서 강연(노르망디 상륙작전 60주년 기념)
2005년 2월 24일	루이지 주사니 장례미사에서 교황 대리
2005년 3월 25일	콜로세움에서 십자가의 길 묵상
2005년 4월 1일	수비아코에서 '성 베네딕도' 상 수상
2005년 4월 2일	요한 바오로 2세 선종
2005년 4월 18~19일	콘클라베: 베네딕도 16세 선출
2005년 4월 24일	신임 교황 즉위 미사
2005년 5월 6일	프랑스 칼뱅파 교회에 보내는 메시지
2005년 5월 13일	요한 바오로 2세의 시복 소송 개시 발표
2005년 5월 29일	바리Bari 여행
2005년 6월 24일	이탈리아 치암피 대통령 방문
2005년 7월 11~28일	발 다오스테Val d'Aoste에서 첫 휴가
2005년 8월 18~21일	쾰른 방문(세계청년대회)
2005년 9월 24일	한스 큉과 재회
2005년 10월 2~23일	성체성사에 관한 주교 대의원 회의
2005년 10월 16일	폴란드 텔레비전과 인터뷰
2005년 12월 8일	제2차 바티칸 공의회 폐막 40주년
2006년 1월 25일	회칙 「하느님은 사랑이십니다」 반포

【요제프 라칭거 주요 저작(프랑스어판 출간 연도순)】

Frères dans le Christ, Cerf 1962 (rééd. 2005).

La Foi chrétienne, hier et aujourd'hui, Cerf 1969 (rééd. 2005).

Le Nouveau Peuple de Dieu, Aubier 1971.

Démocratisation dans l'Eglise?, Sherbrooke 1973.

Le Dieu de Jésus-Christ (Méditations sur Dieu-Trinité), Communio/Fayard 1977 (rééd. 1998).

L'Unité de la foi et le pluralisme théologique, CLD 1978.

Je crois (ouvrage collectif), Lethielleux 1978.

La Mort et l'au-delà, Communio/Fayard 1979 (rééd. 1994).

Vivre sa foi, Mame 1981.

Marie, première Eglise (avec Hans Urs von Balthasar), Mediaspaul 1981 (rééd. 1998).

Instruction sur quelques aspects de la théologie de la libération, Téqui 1984.

Les Principes de la théologie catholique (esquisse et matériaux), Téqui 1985.

La Célébration de la foi (Essai sur la théologie du culte divin), Téqui 1985.

Entretiens sur la foi (avec Vittorio Messori), Fayard 1985.

Au commencement, Dieu créa le ciel et la terre (Quatre sermons de Carême à Munich sur la création et la chute), Fayard 1986.

Le Ressuscité (Retraite au Vatican), Desclée de Brouwer 1986.

Eglise, œcuménisme et politique, Fayard 1987.

La Théologie de l'histoire de saint Bonaventure, PUF, Théologiques 1988.

Serviteurs de votre joie, Fayard 1990.

Eglise et théologie, Mame 1992.

Regarder le Christ (*Exercices de foi, d'espérance et d'amour*), Fayard 1992.

Appelés à la communion (*Comprendre l'Eglise aujourd'hui*), Fayard 1993.

La Mort et l'au-delà (*Court traité d'espérance chrétienne*), Fayard 1994.

Petite introduction au catéchisme de l'Eglise catholique, Cerf 1995.

Un chant nouveau pour le Seigneur (*La foi dans le Christ et la liturgie aujourd'hui*), Desclée/Mame 1995.

Un tournant pour l'Europe? (*Diagnostics et pronostics sur la situation de l'Eglise et du Monde*), Flammarion/Saint-Augustin 1996.

Le Sel de la terre (entretiens avec Peter Seewald), Flammarion/Cerf 1997 (rééd. 2005).

Principes d'éthique chrétienne, Lethielleux 1998.

Ma vie. Souvenirs (*1927~1977*), Fayard 1998.

L'Unique Alliance de Dieu et le pluralisme des religions, Parole et Silence 1999.

Jean-Paul II: vingt ans dans l'Histoire, Bayard Editions/Centurion 1999.

Vivre avec l'Eglise (avec Karl Lehmann), Lethielleux/Chelins de Crète 2000.

L'Esprit de la liturgie, Ad Solem 2001.

Voici quel est notre Dieu (conversations avec Peter Seewald), Plon/Mame 2001.

La Fille de Sion, Parole et Silence/Cahiers de l'Ecole cathédrale 2002.

Faire route avec Dieu (*L'Eglise comme communion*), Parole et Silence 2003.

Dieu nous est proche (*L'Eucharistie au cœur de l'Eglise*), Parole et Silence 2003.

Chemins vers Jésus, Parole et Silence 2004.

La Collaboration de l'homme et de la femme, Salvator 2004.

Les Fondements prépolitiques de l'Etat démocratique (Dialogue avec Jürgen Habermas), Esprit, juillet 2004.

Foi, vérité, tolérance (*Le christianisme et la rencontre des religions*), Parole et Silence 2005.

Valeurs pour un temps de crise, Parole et Silence 2005.

L'Europe: ses fondements, aujourd'hui et demain, Editions Saint-Augustin 2005.

Est-ce que Dieu existe? (Dialogue avec Paolo Flores d'Arcais), Payot 2006.

【교황 베네딕도 16세의 저술】

Deus caritas est (2006년 1월 25일 회칙).

【요제프 라칭거에 관한 연구서】

CHELINI Jean, *Benoît XVI, l'héritier du Concile*, Hachette Littératures 2005.

COLONNA CESARI Constance, *Benoît XVI, les clefs d'une vie*, Philippe Rey 2005.

DUQUESNE Jacques et ZIZOLA Giancarlo, *Benoît XVI ou le Mystère Ratzinger*, Desclée de Brouwer/Seuil 2005.

GUÉNOIS Jean-Marie, *Benoît XVI, le pape qui ne devait pas être élu*, J.-C. Lattès 2005.

KUBLER Michel, *Benoît XVI, pape de contre-réforme?*, Bayard/ La Croix 2005.

LEBEC Eric, *Benoît XVI, les défis d'un pape*, L'Archipel 2005.

PENANSTER Alain de, *Benoît XVI et les sept legs*, CLD Editions 2005.

PLUNKETT Patrice (de), *Benoît XVI et le plan de Dieu*, Presses de la Renaissance 2005.

ROLLET Jacques, *Le Cardinal Ratzinger et la théologie contemporaine*, Cerf 1987.

TERRAS Christian (avec Romano Libero), *Le Pape Ratzinger: l'héritier intransigeant*, Golias 2005.

TORNIELLI Andrea, *Benoît XVI, la biographie*, Citadelle 2005.

WATTS Greg, *Benoît XVI, son histoire*, Salvator 2005.